新时代铸牢中华民族共同体意识研究丛书

王延中　总主编

话语构建

中华民族共同体意识的多学科审视

HUAYU GOUJIAN　ZHONGHUA MINZU GONGTONGTI YISHI DE DUOXUEKE SHENSHI

郝亚明　著

广西民族出版社
Gvangjsih Minzcuz Cuzbanjse

图书在版编目（CIP）数据

话语构建：中华民族共同体意识的多学科审视 / 郝亚明著. -- 南宁：广西民族出版社，2025. 6. --（新时代铸牢中华民族共同体意识研究丛书 / 王延中总主编）.
ISBN 978-7-5363-7896-4

Ⅰ. C955.2

中国国家版本馆CIP数据核字第2025HM1719号

新时代铸牢中华民族共同体意识研究丛书

王延中　总主编

话语构建：中华民族共同体意识的多学科审视

郝亚明　著

出 版 人：石朝雄
项目策划：徐　美　梁　晴
项目统筹：吴柏强
项目协调：韦秀美
责任编辑：梁书晓　蓝雪玲
装帧设计：何世春
责任校对：潘雯雯
责任印制：梁海彪　莫晓东
出版发行：广西民族出版社
地址：广西南宁市青秀区桂春路3号　　邮编：530028
电话：0771-5523216　　传真：0771-5523225
电子邮箱：bws@gxmzbook.com
印　　刷：广西壮族自治区地质印刷厂
规　　格：787毫米×1092毫米　1/16
印　　张：15
字　　数：192千字
版　　次：2025年6月第1版
印　　次：2025年6月第1次印刷
书　　号：ISBN 978-7-5363-7896-4
定　　价：58.00元

编写委员会

主　任：王延中

编　委：青　觉　崔明德　周　平　李　静

　　　　严　庆　郝亚明　于春洋　石朝雄

　　　　徐　美

统　筹：刘　玲　梁　晴　吴柏强　梁秋芬

指导单位：中国民族理论学会

　　　　　广西壮族自治区民族宗教事务委员会

总 序

党的十八大以来，中国特色社会主义进入新时代。以习近平同志为核心的党中央从全面建成小康社会，进而推进强国建设、民族复兴的战略高度，将民族工作提升到前所未有的高度，提出中华民族大家庭、中华民族共同体、铸牢中华民族共同体意识、推进中华民族共同体建设等一系列重大论断。铸牢中华民族共同体意识是以习近平同志为核心的党中央审古今之变、察时代之势，从世界百年未有之大变局、中华民族伟大复兴的战略全局和实现民族工作高质量发展的现实需要作出的重大决策。铸牢中华民族共同体意识这一论断经历了从提出到确立再到主线定位的发展历程，在 2021 年中央民族工作会议上，正式形成了习近平总书记关于加强和改进民族工作的重要思想，为新时代党的民族工作高质量发展指明了方向，提供了根本遵循。

新时代铸牢中华民族共同体意识意义重大。首先，是维护各民族根本利益的必然要求。国家统一是国家最高利益所在，是各族人民根本利益所在。中华人民共和国成立以来，我们总体保持了团结稳定的良好局面，但境内外敌对势力的分裂、渗透、破坏活动一刻也没有停止，仍然是影响各民族根本利益的重大挑战。一些思想认识误区和错误观点仍然根深蒂固，极有可能误导各族群众尤其是青少年的国家观、历史观、民族观、文化观、宗教观。只有铸牢中华民族共同体意识，构建起维护国家统一和民族团结的坚固思想长城，才能实现好、维护好、发展好各民族根本利益。其次，是实现中华民族伟大复兴的必然要求。越是接近中华民族伟大复兴，境内外敌对势力越是会在遏制与裂解中华民族上大做文章，妄图阻断中华民族伟大复兴的历史进程。推进经济社会发展是实现中华民族伟大复兴的基础，但经济社会发展并不会自然而然地带来中华民族共同体意识，特别是过去一些强化甚至固化民族差异的措施，滋长了一些人的狭隘民族意识，不利于民族团结和社会和谐。只有铸牢中华民族共同体意识，才能有效应对实现中华民族伟大复兴过程中民族领域可能发生的风险挑战。再次，是巩固和发展平等团结互助和谐的社会主义民族关系的必然要求。我国民族关系的主流是好的，民族团结的基础日益稳固，但也还存在影响民族关系的问题。民族地区发展迈上新台阶，但发展不平衡不充分问题依然存在。只有铸牢中华民族共同体意识，才能夯实我国民族关系发展的思想基础，推动中华民族成为认同度更高、凝聚力更强的命运共同体。最后，是党的民族工作开创新局面的必然要求。新时代党的民族工作取得了巨大成就，但还存在“不匹配、不适应”的问题和短板。只有顺应时代变化，按照增进共同性的方向改进民族工作，做到共同性和差异性辩证统一、民族因素和区域因素有机结合，才能把新时代党的民族工作做好做细做扎实。

铸牢中华民族共同体意识作为新时代党的民族工作的主线和民族地区各项工作的主线，是全党全国的一件大事，也是全党全国各族人民的共同任务。党的二十大明确要以中国式现代化全面推进中华民族伟大复兴。铸牢中华民族共同体意识既是其内在要求，也是其鲜明标识。习近平总书记在 2021 年中央民族工作会议、2023 年二十届中央政治局第九次集体学习和2024年全国民族团结进步表彰大会上的系列重要讲话中，提出了铸牢中华民族共同体意识、推进中华民族共同体建设的重点任务与工作要求，包括全面推进中华民族共有精神家园建设、构建铸牢中华民族共同体意识宣传教育常态化机制、推动各民族共同走向社会主义现代化、促进各民族广泛交往交流交融、提升民族事务治理的法治化水平、防范化解民族领域风险隐患等。特别是在二十届中央政治局第九次集体学习时的讲话中，习近平总书记围绕铸牢中华民族共同体意识，明确提出了加强中华民族共同体理论体系建设和加快形成中国自主的中华民族共同体史料体系、话语体系、理论体系的任务要求。

2019年，党中央提出加强中国特色民族理论研究的意见和要求；2023年，中央统战部、中央宣传部、教育部、国家民委四部门联合印发《关于加强铸牢中华民族共同体意识理论研究体系建设的意见》。理论界紧紧围绕新时代党的民族工作和全国民族团结进步事业的目标任务和实践发展，特别是围绕铸牢中华民族共同体意识的理论与实践，不断开展调查研究，形成和推进了一大批理论研究成果。这些成果在宣传阐释、政策咨询、社会教育、推进实践等方面发挥了越来越重要的作用。

为了更好地推进中华民族共同体理论研究向纵深发展，加快中华民族共同体理论体系建设，在国家民委相关部门的领导和推动下，在广西壮族自治区民族宗教事务委员会的关心和指导下，中国民族理论学会和广西民族出版社经过认真研究，决定集民族理论研究学界之力，编辑出版新时代铸牢中华民族共同体意识研究丛书。编委会在广泛征求意见的基础上，遴选了主题研究成果相对丰富的八位专家作为丛书首批作者。为了集中展现铸牢中华民族共同体意识的研究主题，编委会只选择八位专家已经公开发表的代表性文章，而不是选择其全部成果。同时，为了确保正确的政治导向和较高的研究质量，原则上只收录党的十九大之后发表的重要研究成果。丛书所收录的研究成果均是国内一线专家在多年深入研究的基础上精心打磨而成。他们以深厚的学术功底和敏锐的学术洞察力，精准把握铸牢中华民族共同体意识理论研究的方向和重点。这些成果基本上以时间为序，从不同角度对铸牢中华民族共同体意识的背景、过程和意义等进行多维度探讨，从不同侧面对中华民族共同体的形成与发展进行深入系统的专题分析，是学术理论界推进中华民族共同体理论建设的样本，也是凝聚各位作者心血的创新成果。丛书各册成果相辅相成，构成了一个较为完整的理论框架，为理论研究的深化和理论体系的建设打下了坚实的基础。这些成果作为民族理论研究阶段性工作的一个小结，也为今后的理论研究提供了重要参考。我们希望这套丛书的出版，能够发挥其应有的学术价值和应用价值。

作为丛书的总主编，我谨代表编委会向参与丛书策划、编辑、出版等各方面工作的各位领导和全体同志表示真诚的谢意。当然，实践发展不会停止，我们也深知理论研究总是在实践的基础上不断深化。这套丛书只是一个开端，不论是在选材还是编辑出版等方面，都有可能存在这样那样的不足。期待各位读者提出宝贵意见，使本丛书后续的工作更加完善。

中国社会科学院铸牢中华民族共同体意识
研究基地首席专家、中国民族理论学会会长 王延中

2025 年 4 月

目 录

国家认同与族群认同的共生：理论评述与探讨[①]

作为当前国内民族研究领域的一大热点，多族群国家认同的相关研究主要沿着两个方向展开：一是对国家认同与族群[②]认同关系的理论分析，二是对多族群国家认同建构路径的实践探讨。其中，国家认同与族群认同的关系吸引了众多学者的关注和参与。[③]“在

---

① 本文原发表于《民族研究》2017 年第 4 期。

② 整体而言，本文探讨的是亚层次民族认同与国家认同的关系，在这一关系中，“民族、族群”是与国家相对应的一组范畴；国内相关研究大多是探讨国家认同与民族认同的关系，本文为行文方便而统一使用族群认同，是因为文章用作理论支撑的外文文献普遍使用“ethnic group”，与中文的“族群”有更好的对应关系。需要说明的是，民族和族群概念有差异，但一则本文所进行的是二者与国家关系的探析，二则本文聚焦的议题是认同而非权利，不会（因族群与民族的权利差异而）产生论述困境。

③ 仅以《民族研究》杂志近年部分代表性成果为例，如钱雪梅：《从认同的基本特性看族群认同与国家认同的关系》，《民族研究》2006 年第 6 期；高永久、朱军：《论多民族国家中的民族认同与国家认同》，《民族研究》2010 年第 2 期；陈建樾：《认同与承认——基于西方相关政治理论的思考》，《民族研究》2010 年第 3 期；袁娥：《民族认同与国家认同研究述评》，《民族研究》2011 年第 5 期；王建娥：《多民族国家建构认同的制度模式分析——以加拿大为例》，《民族研究》2013 年第 2 期；余彬：《国际移民认同危机与族群身份政治运行机制研究》，《民族研究》2013 年第 5 期；刘力达：《高认同与高冲突：反思共和模式下法国的移民问题及其政策》，《民族研究》2013 年第 5 期；张雪雁：《主体性视域下少数民族的国家认同建构逻辑》，《民族研究》2014 年第 6 期等。

多族群国家中，不进行族群认同的探究，就无法进行国家认同的考察。”① “脱离民族认同而单独考察国家认同，既不能将问题说清楚，也完全没有意义”，② 正是在这种意义上，国家认同与族群认同的关系成为了多族群国家认同研究中的“元问题”。

从国内研究现状来看，越来越多的学者对两种认同关系的判断从冲突对立转向共生共存，整体上呈现出冲突论与共生论二元对垒的基本态势。有学者将我国学界对这一问题的主流观点归纳为“民族认同与国家认同共存于个体的观念和意识中，应有机地统一起来，不是非此即彼；二者的长期共存是客观事实，并不必然是矛盾与冲突的情况，实践中可以存在良性互动的共生关系”③。然而，在这种理论转向带来的表面均势背后，却无法掩盖两种理论视角力量失衡的客观事实，共生论远未发展成为一种可以挑战，乃至颠覆冲突论的理论模式。两者最大的差距并非体现在现实解释力上，④ 而是体现在理论体系层面。作为一种后发的理论视角，共生论尚缺乏完备的理论基础和自洽的理论体系，无法与冲突论已经深入人心的理论框架相抗衡，也就无力改变冲突论实质上一家独大的固有理论格局。鉴于共生论在理论和实践中的重要意义，本文试图综合国内

---

①B.Heere, M.Walker, H.Gibson, et al., “Ethnic Identity over National Identity: An Alternative Approach to Measure the Effect of the World Cup on Social Cohesion,” *Journal of Sport & Tourism* 20, No.1 (2016).

②周平：《多民族国家的国家认同问题分析》，《政治学研究》2013 年第 1 期。

③李智环：《民族认同与国家认同研究述论》，《西南科技大学学报》（哲学社会科学版）2012 年第 2 期。

④在现实世界中我们能够同时轻易地寻找到支持共生论或冲突论的例子。例如，研究显示，美国拉丁裔的国家认同与族群认同呈现正相关，而非洲裔的国家认同与族群认同呈现负相关。参见 K.M.Dowley and B.D.Silver, “Subnational and National Loyalty: Cross-national Comparisons,” *International Journal of Public Opinion Research* 12, No.4 (2000).

外相关学科的已有研究成果，展示其理论图景，框定其基本理论架构，从而对国家认同与族群认同共生关系的理论基础进行探讨，以达成完善理论体系和增进解释力度的基本目标。

一、共生论：理论转向与基础缺失

随着人口跨国迁移的日趋频繁，单一族群国家的数量迅速减少，多族群国家在事实上已经成为现时代国家存在的基本形态。种族、文化、语言、宗教上的多样性不仅带来了国家治理上的复杂性，也在一定程度上提升了国家的合法性需求。诚如威尔·金里卡（Will Kymlicka）在分析认同政治时所指出的那样，单一民族国家的底线共识是将国家视作解决内部分歧的合适论坛，而对于多民族国家而言，则连民族与国家之间的关系都可能是存在争议的。[①] 在民族—国家时代，族群多样性与国家统一性之间存在难以根除的内在张力，而这种张力的调节与消解主要是甚至只能是仰赖于各个族群的国家认同。正是在这个意义上，国家认同——简而言之就是人们对所属国家在情感上的依恋和行为上的服从——被视作是国家稳定性的来源和基础。对于多族群国家建设而言，其中心任务之一就是强化所有族群的国家认同并进而巩固国家的合法性。然而多族群国家建设的最大困境是，一方面它对国家认同有着更高的需求和依赖，另一方面它的国家认同建构却面临着更多的挑战与难题。“今天这个时代，多民族国家的国家认同总是会受到严重挑战，这已经是不争的事实。”[②] 作为对困境的回应，人们的头脑中逐渐形成了一

---

①威尔·金里卡：《多民族国家中的认同政治》，刘曙辉译，《马克思主义与现实》2010年第2期。

②周平：《多民族国家的国家认同问题分析》。

个基本预设：多民族国家认同的挑战力量主要来自各族裔群体自身的族群认同。这种预设催生了国家认同与族群认同关系上的冲突论，也即判定两者存在此消彼长的负相关关系。

冲突论具有相对坚实的理论基础与现实支撑。无论是派伊（Lucian W. Pye）所言的“认同危机”——“传统的认同方式都是从部族或种姓集团转到族群和语言集团的，而这种方式是与更大的国家认同感相抵触的”[①]，还是阿尔蒙德（Gabriel A. Almond）指出的“集体忠诚冲突”——“对传统的准国家单位的忠诚同对国家的忠诚和国家的目标发生冲突”[②]，再到亨廷顿（Samuel P. Huntington）声称的“国家认同的挑战”——“亚民族的、双重国籍的和跨国的身份/特征开始抬头而损害了国民身份/国家特征的重要性”[③]，都明确表述了多民族国家中国家认同与族群认同之间存在张力的基本观点。此类论点在比较政治学学科中最为盛行，而其他学科中持类似观点的学者也不在少数。例如，心理学家沃切尔（S. Worchel）和科坦特（D. Coutant）断言族群认同与国家认同经常处于冲突状态，个体不得不频繁确定何者居于更加中心的地位。[④]历史学家施莱辛格（A. M. Schlesinger）在《美国的分裂：对多元文化社会的反思》一书中指出，对族群认同的片面强调将会从很多方面造成美国的碎片

①鲁恂·W.派伊：《政治发展面面观》，任晓、王元译，天津人民出版社，2009，第81页。

②加布里埃尔·A.阿尔蒙德、小G.宾厄姆·鲍威尔：《比较政治学——体系、过程和政策》，曹沛霖等译，上海译文出版社，1987，第39页。

③塞缪尔·亨廷顿：《我们是谁？——美国国家特性面临的挑战》，程克熊译，新华出版社，2005，第1页。

④S.Worchel and D. Coutant, “The Tangled Web of Loyalty: Nationalism, Patriotism and Ethnocentrism,” in *Patriotism in the Lives of Individuals and Nations*, eds. D. Bar-Tal and E.Staub (Chicago: Nelson-Hall, 1997), pp.190-210.

化，其中一个重要因素是这种群体认同的政治化。[①] 社会学家安东尼·史密斯（A. Smith）也承认，在一些民族国家中，族群承诺的复苏反映了对国家价值的排斥，甚至可能是分离主义的序章。[②] 考虑到这种张力对国家合法性的严峻影响，联合国开发计划署（United Nations Development Programme，UNDP）在《人类发展报告（2004）》中将国家认同和族群认同的兼容性问题列为当代世界政治的一个核心要素。[③] 在民族主义依然作为一种主流意识形态的民族—国家时代，国家认同与族群认同的张力理所当然地被认定为多族群国家合法性的根本威胁。20 世纪三大民族主义浪潮中，地方民族主义所迸发的巨大能量及其对国际政治格局的塑造和对国内政治稳定的冲击，依然历历在目。“南斯拉夫悲惨的近代史已经说明，提升族群认同的显著度将增加群体冲突，并使得动员公民为国家利益而奋斗益发困难”[④]，“前苏联的加盟共和国制最终演变成挑战并摧毁了这个多民族国家”[⑤]。诸如此类的所谓“国际政治现实”，加之一系列理论著作的鼓与呼，国家认同与族群认同的冲突对立关系似乎成为了一种不言自明的常识和深入人心的事实。

---

①A. M. Schlesinger, *The Disuniting of America: Reflections on a Multicultural Society, Revised Edition* (New York: W.W.Norton, 1998), pp.105–124.

②A.Smith, *The Ethnic Revival in the Modern World* (Cambridge: Cambridge University Press, 1981).

③UNDP, *Human Development Report 2004: Cultural Liberty in Today's Diverse World* (New York: UNDP, 2004), pp.47–51.

④J. Citrin, C. Wong, and B. Duff, "The Meaning of American National Identity," in *Social Identity, Intergroup Conflict, and Conflict Reduction*, eds. R. D. Ashmore, L. J. Jussim, and D. Wilder (Oxford: Oxford University Press, 2001), pp.71–100.

⑤K. M. Dowley and B.D.Silver, "Subnational and National Loyalty: Cross-national Comparisons".

此种背景之下，学界从冲突论转向共生论经历了一个漫长的过程。这种二元对垒理论格局的缓慢形成大致有着理论与实践两个层面的推动力。从理论层面来看，随着实证研究（包括大规模的国际比较研究和系统的个案研究）的逐步积累，以及对认同本质等方面理论研究的不断深化，人们发现冲突论无法涵盖国家认同与族群认同关系的全部内容。国家认同与族群认同的关系在不同国家、不同历史时段、不同族群之间呈现出差异性，彰显了存在多种关系形式的可能。从实践层面来看，纯粹的冲突论视角固化，甚至强化了多民族国家政治运行中的张力，亟须共生论的调和以形成对两者关系的辩证认识。由于暴力和对抗更加引人注目，被打上认同冲突烙印的事件即使是偶尔发生，也常常会使人们忽视了国家认同与族群认同长期和谐共存的事实。[①] 国家认同与族群认同必然冲突对立的宿命论观点在实践上是极为有害的。一旦这种理论视角成为人们的共识并进一步演化成意识形态，则可能形成自我实现预言的效果，催生对抗心理或同化政策。“我们无从改变二者并存的客观事实，但却可以努力改变自己对待这一事实的态度”。[②] 综上所述，共生论的理论意义在于形成对两种认同关系的辩证认识，实践意义则在于为两种认同和谐关系创造一种可能。

如果冲突论表述的是国家认同与族群认同之间此消彼长的负相关关系，那么共生论作为与之对立的理论视角，至少包含了两层含义。较低层次上，两种认同互不冲突，和谐共存，体现为不相关关系；较高层次上，两种认同相互促进，互利共生，体现为正相关关

① Z. Elkins and J. Sides,“Can Institutions Build Unity in Multiethnic States ? ” *American Political Science Review* 101, No.4 (2007).

②钱雪梅：《从认同的基本特性看族群认同与国家认同的关系》。

系。尽管早期学界普遍支持冲突论，但当前越来越多的学者已经转向赞同共生论的基本观点，或者至少强调两者之间存在对立统一的辩证关系。如艾丽斯·杨（Iris M. Young）就指出，“国家认同与族群认同并非是对立的、排斥的，而是两者兼容的”。[①] 整体而言，当前学界在国家认同与民族认同关系问题上已经呈现出冲突论与共生论二元对立的基本格局。然而，在这种表面的理论均势背后，是共生论无法抗衡冲突论的现实。在普通民众乃至许多学者中，国家认同与族群认同相互冲突的观念依然深入人心。除了上文所述冲突论具有相对坚实的理论体系和现实支撑之外，共生论自身理论基础薄弱亦是重要因素。越来越多的学者开始强调共生论的合理性，却益发彰显出共生论理论基础的相对缺失，主要表现在以下三个方面：

其一，共生论缺乏相关学科的支撑。与认同紧密相关的心理学、社会学、政治学理论框架未被纳入理论建构范围，导致共生论的理论基础存在视角局限。缺乏相关学科的支撑，很多共生论的理论观点自身根基并不牢固，影响到理论体系的整体构建。

其二，共生论的理论解释缺乏体系性。从国内外的研究现状来看，共生论的理论来源相当广泛，相关解释大多是一些零散的论点而非一套自洽的理论体系，从而影响到其作为一种理论视角的解释力和影响力。此外，相关研究存在着大量的话语重复问题，亟须对其进行归纳、提炼、整合。

其三，共生论话语体系中充斥着应然性的价值判断。不少学者从应然而非实然的角度去建构共生论的理论基础，论证基点是逻辑

---

① Iris M. Young, "Polity and Group Difference: A Critique of the Ideal of Universal Citizenship," *Ethics* 99, No.2 (1989).

推论，甚至是价值判断，抑或是国家统一稳定的现实政治需要。这种路径只能证明共生论的必要性和合理性，却难以有效支撑整个理论体系。

二、对国内文献中共生论理论基础的归纳性分析

随着对国家认同与族群认同关系认识的深化，越来越多的国内学者开始强调两种认同之间统一、和谐、共存、互利的特性。不少学者通过概念辨析、逻辑推演、个案调研、史料挖掘等路径，试图为两种认同的共生共存关系构建理论基础，其中一些理论观点颇具解释力和启发性。遗憾的是，国内学者的这些理论观点并没有得到很好的提炼和总结，整体上处于零散和碎片状态。本文尝试将国内文献中关于共生论理论基础的内容粗略归纳成如下论点：

1. 认同层次论。这种论点认为国家认同和族群认同属于不同层次的认同，层次上的区分使得两者之间并不必然存在对立冲突，相反却创造了和谐共存的可能性。代表观点是费孝通先生的“民族认同意识的多层次论”。他在论述中华民族多元一体格局时提出：“多元一体格局中，56 个民族是基层，中华民族是高层。……高层次的认同并不一定取代或排斥低层次的认同，不同层次可以并存不悖，甚至在不同层次的认同基础上可以各自发展原有的特点，形成多语言、多文化的整体。”①

2. 认同级序论。这种论点试图将国家认同与族群认同之间的关系问题转化为级序排列问题，认为两者之间只要处理好优先顺序问

① 费孝通：《简述我的民族研究经历与思考》，《北京大学学报》（哲学社会科学版）1997 年第 2 期。

题，就可以消解内在张力并和谐共存。高永久等指出："多民族国家中的民族认同问题的关键并不在于个体同时拥有两种（甚至多种）不同形式的认同，而是在于在个体的认同层次结构中，把何种归属置于优先的级序，并以此作为自己效忠、尽义务和责任的归属单位。"① 钱雪梅则将国家认同与族群认同的优先顺序问题区分成时间先后和价值地位高低两个方面。②

3. 场景转换论。这种论点认为对国家认同或族群认同的突显与特定场景有关，两者之间是一种场景转换关系而不是绝对取代关系。钱雪梅认为："在日常生活中，我们往往依据不同的情境，强调或突出某一种认同。……在特定场合或情境下只强调或突出一种认同，并不等于用一种认同取代另一种认同，也不意味着另一种认同的消失。"③ 毕跃光也提出："民族认同与国家认同的共生关系还表现在两种认同在不同的场景满足人们的不同需求，承担不同的认知功能。……人们可以在不同类型的社会互动中自由转换他们的认同，国家认同在族际交往的场景中不能代替民族认同，而民族认同在国际交往的过程中也不能够代替国家认同的功能。两种认同在各自的场域中可以并行不悖，并不发生冲突。"④

4. 性质区分论。这种论点主要通过将国家认同和族群认同进行不同性质的定位，以达到消解两者之间直接冲突的目的。最为常用的论证方式是将族群认同界定为文化认同，将国家认同界定为政治

①高永久、朱军：《论多民族国家中的民族认同与国家认同》。

②钱雪梅：《从认同的基本特性看族群认同与国家认同的关系》。

③同上。

④毕跃光：《民族认同、族际认同与国家认同的共生关系研究》，博士学位论文，中央民族大学中国民族理论与民族政策研究院，2011，第 45 页。

认同。[①]典型的论述，例如，“从性质上来看，民族认同更多的是一种文化认同，而国家认同则是一种政治认同。民族认同的文化联结来自原生性要素的纽带，如习俗、血缘、祖源、语言等的共同性；国家认同则是一种基于政治合法性和意识形态的认同”；“民族认同与国家认同作为两种不同性质的认同形式，在具体的实践中是可以达成一定的价值共识和发挥功能上的相互依赖，民族异质性要素可以与国家的统一性和谐共存于多民族国家的场景之中”。[②]

5. 共同要素论。这种论点认为国家认同与族群认同在形成基础上有诸多共同要素，因此两者之间应该是共生共存而非是对立冲突的关系。如有学者认为，“国家认同由归属性认同和赞同性认同两部分构成，构成归属性国家认同的基本元素有领土、历史、文化、同胞，这些元素与民族认同的元素形成了许多交叉和重叠，成为两种认同共同的资源，这是两者共生的基础之一”[③]。

6. 功能互补论。这种论点认为国家认同与族群认同各自发挥着特定的功能，通过相互配合和补充以维持多族群国家的良性运行。典型观点如，“国家认同需要借助民族认同中的族性力量，而民族认同同样需要国家认同中的理性要素，这种功能的互补性是民族认同与国家认同和谐共生的又一重要基础”[④]。

7. 认同涵盖论。这种论点通常强调族群认同是国家认同的组

---

①很多学者采用这种论证方式，如张永红、刘德一：《试论族群认同和国族认同》，《中南民族大学学报》（人文社会科学版）2005 年第 2 期；庞金友：《族群身份与国家认同：多元文化主义与自由主义的当代论争》，《浙江社会科学》2007 年第 4 期；周光辉、刘向东：《全球化时代发展中国家的国家认同危机及治理》，《中国社会科学》2013 年第 9 期。

②高永久、朱军：《论多民族国家中的民族认同与国家认同》。

③毕跃光：《民族认同、族际认同与国家认同的共生关系研究》，第 45 页。

④同上。

成部分，两者之间更多的是涵盖关系而非对立关系。典型观点如，“族群与国家之间的关系类似于局部与整体的关系，族群的自我认同只有在国家机体内才得以形成和持续”，“国家认同作为更大范围的认同，在特殊情况下可以涵盖族群认同”。[①]

8. 内在关联论。这种论点认为国家认同和族群认同在认同主体、认同客体、认同背景、认同目标等方面有着天然的内在关联，从而使得两者之间保持着稳定的共生共存关系。典型观点如，“只有个人才是认同的真正主体，无论在理论上还是经验中，多重认同始终统一存在于我们每个人的意识之中，族群认同和国家认同只是多重认同中的两个组成部分”[②]，“多民族国家遂成为现代国家结构的普遍存在形态，而这也就为民族认同与国家认同的并存，为民族认同问题的产生提供了时空场景”[③]。

9. 认同互构论。这种论点认为国家认同与族群认同两者的互动过程推动着各自的形成与发展，两者相互强化、相互支撑。典型观点如，“国家可以运用族群认同达到经济、社会、政治目的，同样，族群认同也可以借助国家认同来实现合作与双赢”[④]。钱雪梅以中国的民族识别和民族优惠政策为例指出，“国家认同与族群认同之间并不必然是矛盾和对抗的关系，相反，国家的日常管理行为常常积极地强化和保护着公民的族群认同”[⑤]。郝瑞（Stevan Harrell）在对西南彝族的研究中，关注到中国政府通过民族政策不断塑造西南少数

---

①钱雪梅：《从认同的基本特性看族群认同与国家认同的关系》。

②同上。

③高永久、朱军：《论多民族国家中的民族认同与国家认同》。

④庞金友：《族群身份与国家认同：多元文化主义与自由主义的当代论争》。

⑤钱雪梅：《从认同的基本特性看族群认同与国家认同的关系》。

民族的民族认同，并以此来强化国家认同。[①] 与此同时，很多学者也在经验研究中发现，族群或地方也在积极利用国家符号、国家认同、民族政策等来界定自己的族群身份，巩固自己的族群认同。[②]

10. 结构依存论。该论点认为国家认同与族群认同之间存在相辅相成、互为补充的一面，这种相互依存的关系构成了两种认同之间共生共存的基础。典型观点如，“民族认同与国家认同二者之间存在着一种互为前提的关系。第一，民族认同是国家认同的基础和前提……第二，国家认同认可保护民族认同，并借助民族认同中的血缘和文化传统因素来取得”[③]。

尽管可能存在遗漏或分类不当的可能，但以上十种论点基本涵盖了当前学界在国家认同与族群认同共生关系上的代表性观点。毫无疑问，这些理论尝试中蕴含着理解共生论的真知灼见，为国家认同与族群认同共生关系的支撑奠定了初步基础。一方面，通过中外文献对比可以发现，国内相关研究的突出特点是极为重视对国家认同与族群认同内在特性的深入挖掘，高度关注认同行为与认同客体（如国家或族群）之间的互动和结合，系统分析认同的政治、文化、社会脉络，这对于理解认同现象自身以及探讨认同之间的关系提供了深刻的洞见。另一方面，通过对这些论点的批判性分析，我们也可以发现国内相关研究存在的一些问题。

第一，国内学界对共生论理论基础的建构路径可以大致概括为“求同存异”，其内在逻辑尚需考量。一方面通过探寻国家认同与族

---

①斯蒂文·郝瑞：《田野中的族群关系与民族认同：中国西南彝族社区考察研究》，巴莫阿依、曲木铁西译，广西人民出版社，2000。

②相关文献综述可参见袁娥：《民族认同与国家认同研究述评》。

③张宝成：《民族认同与国家认同之比较》，《贵州民族研究》2010 年第 3 期。

群认同的共同点，以共同的基础和要素来论证双方的共生共存；另一方面通过区分国家认同与族群认同的差异点，以不同的功能和性质来论证双方可以和谐共存。单方面看来，这两种相互关联的逻辑都可以用来建构共生论的理论基础；但整体看来，这两种逻辑自身就存在一定的对立性。同时从共性和差异中论证国家认同与族群认同的共生关系，这必然导致理论体系内部张力的产生。以此而言，以“求同”和“存异”两种方式来建构同一视角的理论基础，其成立与否还需要从理论和实证两个层面予以进一步的检验。

第二，部分理论视角自身存在较多争议，影响到其对共生论的理论支撑效力。以将国家认同与族群认同分别界定为政治认同和文化认同的论点为例。一方面部分学者承认这种区分的价值，但同时很多学者则对此提出了根本性的质疑。如何叔涛直接指出：“民族认同并非简单的文化认同，而国家认同也并非完全的政治认同。民族认同中包含了民族共同体的政治利益诉求，而国家认同中也包含了民族内部和民族之间的历史文化的渊源关系与联系性。”① 肖滨也认为，现代国家既是历史文化共同体，又是政治共同体，是文化与政治的结合。所以对国家的认同既包括历史文化的认同，又包括政治的认同。②

第三，一些作为共生论理论基础的论点背后其实潜藏着冲突论的本质。以认同级序论为例。国家认同与族群认同共存于个体之中，通过设定优先级序的方式貌似是缓解了两者之间的张力，实质上却无助于问题的解决。如果人们能在两种认同何者优先问题上达

① 何叔涛：《论多民族国家民族认同与国家认同的特点及互动》，《云南民族大学学报》（哲学社会科学版）2011 年第 6 期。

② 肖滨：《两种公民身份与国家认同的双元结构》，《武汉大学学报》2010 年第 1 期。

成共识，也就不存在冲突论一说；如果两者不能就何者优先问题达成共识，最终还是会造成认同冲突的后果。“不管国家认同的基础是什么，从中性的或技术层面上来讲，它都意味着公民身份高于一切的群体忠诚，一旦发生冲突之时应优先于其他任何的从属感，包括族群的”。① 在这种设定之下，认同级序论事实上就是要求族群认同单方面服从或满足国家认同的需要，这显然并非共生论的基本主张。甚至可以看到，一些主张冲突论的学者也强调以认同级序论来解决冲突问题，从侧面说明了认同级序论无法作为共生论的理论基础。与之类似，认同涵盖论在一定程度上具有认同替代的意味，也被部分学者认定为本质上属于冲突论的理论范畴。

三、对国外文献中共生论理论基础的提炼

从国外文献来看，共生论理论基础体现出明显的多源性特征。共生论并没有单一、独立、明确、集中的理论来源，来自不同学科不同领域的相关研究从多个角度多个层面为这种观念提供了理论支撑，尤其是社会心理学在其中承担了关键性的角色。② 本文在对国外相关文献整理研读的基础上，尝试从以下几个方面对共生论的理论基础进行提炼总结。

（一）作为共生论意识形态基础的多元文化主义

多元文化主义与共生论的关联表现在两个方面。从时间顺序上来看，多元文化主义的兴起是共生论理论转向的历史时代背景。对国家认同与族群认同共生共存关系的强调是在多元文化主义兴起之

① J. Citrin, C. Wong, and B. Duff,“The Meaning of American National Identity,” pp.71-100.

②认同本质上是一种心理学现象，国内相关研究缺乏心理学学科的深度参与，不能不说是一大缺憾。

后才成为潮流，并随着多元文化主义的传播得到更多学者的认可。从理论观点上来看，共生论的理论观点大多暗含多元文化主义的理念，是其理念在认同政治领域的切实体现。多元文化主义与认同政治、差异政治、承认政治等概念密切相关，而这些概念本身就涉及了国家认同与族群认同关系的本质。多元文化主义作为一种意识形态，为国家认同与族群认同的共生关系提供了价值理念支撑，可以视作共生论的理论基础来源之一。尽管中国学者并未系统阐明两者之间的关联，但部分西方学者的著述中对这一认识的理解已是相当清晰。

西方学者在分析国家认同与族群认同关系的时候，通常会追溯到冲突论与共生论的理论源头。冲突论与共生论的理论之争背后反映的是同化主义（含熔炉主义）与多元文化主义的意识形态分歧，这一点可以从各自的理论预设上一窥端倪。① 同化主义认为，族群认同相对于国家认同是无关紧要的，差异性的族群认同最终都会被熔合到统一的国家认同之中。族群多样性及族群认同会对国家认同构成威胁，因此必须通过同化的方式消减族群认同，并在此基础上增进国家认同。要成为一个好的国民，就必须放弃自己原有的文化和族群认同，彻底融入国家之中。从这个意义上来说，同化主义认为国家认同与族群认同之间是存在相互冲突的负向关系。与之相对，多元文化主义承认族群认同的独特价值，并将个体的族群认同视作其人格尊严和自我实现的核心。个体能够同时维持对族群及对更大政治共同体的积极认同，兼具强烈的族群认同与国家认同是可

① J. Sidanius and J. R. Petrocik,"Communal and National Identity in a Multiethnic State," in *Social Identity, Intergroup Conflict, and Conflict Reduction*, eds. R. D. Ashmore, L. J. Jussim, and D. Wilder (Oxford: Oxford University Press, 2001), pp.101–127.

能的。只要尊重、承认多元文化的存在和价值，就能实现国家认同与族群认同之间的统一。[①] 在多元文化主义看来，国家认同与族群认同应该是相互促进的，至少也应该是互相独立、和谐共存的。

米尔顿·戈登（M.Gordon）曾用一系列公式来表述同化主义、熔炉主义和多元文化主义，非常形象地展示了各自的理论逻辑。其中同化主义的公式是 A+B+C=A，熔炉主义的公式是 A+B+C=E，多元文化主义的公式是 $A+B+C=E^A+E^B+E^C$。[②] 前两个公式一定程度地体现出，对于同化主义、熔炉主义而言，族群认同与国家认同之间具有不兼容性；而在表述多元文化主义理念的公式中，表示共同国家认同的“E”与各族群认同则是可以共存的。此外，还有学者审视了不同政治理论在国家认同与族群认同关系问题上的基本主张。[③] 自由主义（liberalism）并不将族群认同视作国家认同的根本威胁，但强调当国家认同与族群认同之间发生冲突的时候，必须确保国家认同的主导地位。本土主义（nativism）强调本土文化的价值与意义，面对族群多元坚持文化整合，主张以国家认同消弭族群认同。多元文化主义（multiculturalism）则强调族群认同在政治认同中的基础性地位，认为保护和承认族群认同可以强化国家认同。可见在政治理论的视域中，多元文化主义与共生论的理论关联同样十分明显。

加尔萨（De la Garza）等人关于墨西哥裔美国人爱国主义与族

---

①J. Sidanius, S. Feshbach, S. Levin, et al.,“The Interface between Ethnic and National Attachment: Ethnic Pluralism or Ethnic Dominance？” *The Public Opinion Quarterly* 61, No.1 (1997).

②马戎：《民族社会学——社会学的族群关系研究》，北京大学出版社，2004，第182—185页。

③J. Citrin, C. Wong, and B. Duff,“The Meaning of American National Identity,” pp.71–100.

群意识的研究整体上支持多元文化主义理论，被视作论证族群认同促进国家认同的经典研究。基于1546名墨西哥裔美国人的样本数据分析显示，墨西哥裔美国人并不比欧洲裔美国人的爱国主义情怀少，他们同样高度认同美国的主流价值观念；墨西哥裔美国人的族群认同与国家认同之间是正向而非负向的关系，他们在融入美国政治主流方面甚至比欧洲裔更加迅速和更加彻底。作者据此得出结论，对族群的承诺并不是使得美国分裂的一种手段，相反，美国少数族裔通过族群性创造诸如群体团结和政治组织这样的资源，来帮助他们充分地参与美国社会。①

（二）文化适应与认同调适：从线性关系到二维关系

文化适应（acculturation）实质上处理的是对原初群体认同及对更大文化群体认同之间的关系问题，因而其相关研究可以为族群认同与国家认同关系问题提供理论基础。长期以来，西方学者关于文化适应的研究大多支持认同冲突论的基本观点。例如，斯通奎斯特（E. V. Stonequist）认为移民只存在两种文化适应模式，要么放弃族群认同形成国家认同而被同化，要么保持族群认同放弃国家认同而被边缘化。②米尔顿·戈登认为，移民无可避免地同化于主流社会，这一过程以线性、单向的方式进行。③

这些两极或单维模式暗示国家认同与族群认同之间是负向的线性关系。但相关社会现实却昭示，文化适应是一个更加复杂、更加

① R. O. De la Garza, A. Falcon, and F. C. Garcia, "Will the Real Americans Please Stand up: Anglo and Mexican-American Support of Core American Political Values," *American Journal of Political Science* 40, No.2 (1996).

② E. V. Stonequist, "The Problem of the Marginal Man," *American Journal of Sociology* 41, No.1 (1935).

③ M. Gordon, *Assimilation in American Life* (New York: Oxford University Press, 1964), pp.60-83.

多维的过程。在文化适应的理论框架从线性向二维的转换过程中，贝瑞（J. W. Berry）是一个标志性的人物。认同关系从线性思维转向二维思维基本上是建立在其系列研究的基础之上，而这种思维转向为国家认同与族群认同共生共存关系创造了理论可能。

贝瑞提出，文化适应的过程存在两个独立的维度，一个是个体对原初文化认同的维持程度，一个是个体对主流社会的参与程度。根据这两个维度进行交叉分析，就形成四种文化适应策略。个体同时维持原初文化认同和主流社会认同，属于整合型（integration）；个体认同原初文化而拒斥主流社会，属于分离型（separation）；个体认同主流社会而放弃原初文化，属于同化型（assimilation）；个体同时拒斥原初文化和主流社会，属于边缘型（marginalization）。① 这个模型强调一个事实，文化适应的过程有多种方式，适应新社会并不必然要求移民放弃自己的传统文化。在一定意义上，对族群传统文化的认同可以视作族群认同，对主流社会的主动融入可以视作国家认同。类比于贝瑞的双维度文化适应模式，族群认同与国家认同也可以视作两个独立的认同维度。兼具强烈的族群认同与国家认同可称之为认同整合；强烈认同族群而不认同国家可称之为认同分离；放弃族群认同而仅认同国家的可称之为认同同化；两种认同均不强烈可称之为认同边缘化。②

贝瑞从 20 世纪 70 年代就开始倡导二维理论模型，以此为理论框架的系列实证研究又为这一理论模型的成立提供了经验依据。以

①J. W. Berry, "Psychology of Acculturation," in *Cross-cultural Perspectives, Nebraska Symposium on Motivation*, ed. J. Berman (Lincoln: University of Nebraska Press, 1990), pp.201–234.

②J. S. Phinney, G. Horenczyk, K. Liebkind, and P. Vedder, "Ethnic Identity, Immigration, and Well-Being: An Interactional Perspective," *Journal of Social Issues* 57, No.3 (2001).

一项涵盖 13 个国家的青少年移民国际比较研究为例。数据显示，不同国家中两种认同之间的关系差异相当明显，相关系数大致在 0.32 至 −0.28 之间，在很多国家相关系数接近于 0。这显示了国家认同与族群认同之间的关系可以是独立的或正相关的，而不必然是负相关的。通过聚类分析可以将样本中 4334 名个案的文化适应状态区分成整合形态（integration profile）、族群形态（ethnic profile）、国家形态（national profile）、弥散形态（diffuse profile）四种类型，恰好分别对应于上文理论模型中的四种认同类型。这四种状态的个案占样本的比例分别为 36.4%、22.5%、18.7%、22.4%。统计结果验证了认同之间不只是线性关系，还可以是二维组合的多种形态。作者还对不同文化适应类型的后果进行了考察。通过结构方程模型分析发现，整合形态具有最好的心理适应和社会文化适应；族群形态具有相对较好的心理适应和相对较差的社会文化适应；国家形态具有较差的心理适应和轻微负向的社会文化适应；弥散形态则在两种适应上均表现较差。[①] 同时维持两种认同会具有更好的适应性，这一结论对于共生论无疑也具有重要的理论意义。

（三）认同调适策略与双元认同能力

个体既要思考族性及其对生活的意义，并在此基础上建立稳定的族群或种族认同；同时还要思考自身在更大社会中的角色和地位问题，并在此基础上建立一定程度的主流文化或国家认同。传统文献一直假设生活在两种认同中的个体必然遭受各种形式的心理困扰，但越来越多的研究认为兼具两种认同可能比只有一种认同更为

① J. W. Berry, J. S. Phinney, D. L. Sam, et al., "Immigrant Youth: Acculturation, Identity, and Adaptation," *Applied Psychology* 55, No.3 (2006).

有利。那么在共生论的基本框架之下，多种认同共存是如何实现的？其认同调适策略是什么？这两个问题的回答对于共生论理论基础建构也极为关键。

拉夫拉姆博伊西（T. LaFromboise）等人提出，个体在面临双重认同时存在五种可能的调适策略，即同化模式（assimilation model）、涵化模式（acculturation model）、熔合模式（fusion model）、交替模式（alternation model）、多元模式（multicultural model）。[①] 前三种模式尽管存在些许差异，但实质上都涉及个体认同的丧失或在认同中进行选择的问题，一定程度上可以视作具有冲突论性质的认同调适策略；后两种模式则假定原初认同与主流认同之间呈现出双向正交的关系，因此整体上属于共生论的理论范畴。在承认个体能够同时保持两种认同的基础上，交替模式和多元模式在侧重点上存在差异：交替模式强调个体能够改变行为以适应特定的社会情景，从而个体可能实现双重认同而无须使某种认同做出妥协；多元模式强调个体能够维持对原初群体的积极认同，同时通过制度共享和参与来形成对较大政治实体的积极认同。研究进一步呈现了持共生论认同调适策略者将会比持冲突论认同调适策略者具有更强的适应性。对于交替模式而言，能够在两种文化之间正确地切换行为模式的个体远比那些同化了或正在经历文化适应的个体更少感受到焦虑；对于多元模式而言，解决公共认同与私人认同的内在张力问题并不必然带来负面心理冲击，相反能够促进个人及情感成长。在诸如族群忠诚、国家依附等 7 个评价指标上，交替模式在所有指标上都获得了

---

①T. LaFromboise, H. L. Coleman, and J. Gerton, "Psychological Impact of Biculturalism: Evidence and Theory," *Psychological Bulletin* 114, No.3 (1993).

高分，显示个体越能通过交替来维持文化间积极有效的关系，他在维持或取得双元认同能力方面所遭遇的困难就越少。多元文化模式也在大多数指标上获得了较高的评分，也显示了这种模式在作为认同调适策略上的独特作用。

菲尼（J. S. Phinney）则在前人研究的基础上，将认同调适策略进一步细致划分。在贝瑞的四种类型划分中，整合型是契合共生论理念的认同类型。菲尼认为，整合型指的是两种认同有一定程度的重合，但也不会像熔合状态一样完全重合。她将这种双元认同的状态区分成混合型和交替型两种。混合型是指个体的认同由两种认同重合的部分组成，一定程度上可以看作是两种认同的组合；当个体的认同是在两种认同不相重合的部分依据情境需要来回切换时，可以视作是交替型。两者之间的不同在于混合认同更清晰地将自己视作合成文化的部分，而交替认同则在两种认同之间来回摆动。对这两种认同调适策略进行对比研究发现，混合双元文化认同者有着强烈的国家认同与明确的族群认同，在公民身份和族裔身份上都有着积极的态度；交替双元主义认同者承认自己的公民身份，但更倚重自己的族群身份。尽管双元文化身份会带来一些困扰，但他们还是具备在文化之间自由穿行的双元认同能力。①

（四）认同威胁与群际关系

社会认同理论认为，个体维持群体认同有两个动机，降低主观不确定性与强化自尊。人们通过自我归类以维持群体实体性和独特性，但这一过程也会产生内群体与外群体的区分并进而催生内群体

---

①J. S. Phinney and M. Devich-Navarro, "Variations in Bicultural Identification among African American and Mexican American Adolescents," *Journal of Research on Adolescence* 7, No.1 (1997).

偏好。共同内群体认同模型（common ingroup identity model）认为，促进群际关系的最好方式是鼓励次群体成员（如族裔成员）将自己归类到一个更高层级的上位群体（如国家公民）中，以此消弭内外群体之间的边界与偏好。① 这一理论主张以上位认同（superordinate identity）取代次群体认同（subgroup identity），其同化论和冲突论的理念受到人们的质疑与批评。

通过群际关系与群际接触的进一步研究发现，对于包含有多个次群体的上位群体而言，维持次群体独特性的需求对于促进群际关系具有基础性作用。当内群体被批评、鄙视或攻击，抑或是群体成员感知到群际边界模糊不清时，认同威胁（identity threat）就产生了。面对认同威胁，群体会采取破坏性行动，如偏见、歧视、强化对外群体的负面刻板印象等攻击性行为来追求群体独特性。认同威胁理论认为，很多冲突的形成实质上是特定认同受到威胁的结果，承认特定认同具备消除认同威胁的能力，有利于群体之间的团结并促进对上位共同体的认同。对于国家认同与族群认同的关系而言，不是两者之间天然存在冲突对立关系，而是前者对后者的认同压力使得两者之间出现冲突对立。也就是说，族群认同对国家认同的解构作用只有在明确的认同威胁之下才会形成。

以认同威胁为核心概念，相互群际差异模型（mutual intergroup differentiation model）指出，由于很多历史和社会原因，在群际环境中要求群体成员彻底放弃原初被其高度重视的社会分类是不可能的，这种行为所带给他们的压力将会被视作是对特定群体认同的威

①S. L. Gaertner, J. F. Dovidio, P. A. Anastasio, et al.,"The Common Ingroup Identity Model: Recategorization and the Reduction of Intergroup Bias," *European Review of Social Psychology* 4, No.1 (1993).

胁。[①] 次群体认同威胁是群际团结的最大障碍，威胁到群体认同的社会舆论和行动会使相关群体产生防御性反应并导致群体冲突。社会和谐的最佳路径是维持而不是削弱次群体认同，同时使得次群体认同与更大范围社会认同之间形成嵌套关系。[②] 相互群际差异模型强调，应维持次群体的认同并将对群体独特性的威胁最小化，在这一点上，多元文化主义与其共享理论预设。

一系列实证研究为这种共生论性质的理论模式提供了支持。霍恩西（M. J. Hornsey）和霍格（M. A. Hogg）通过实验研究发现，同时突显上位认同和次群体认同要比单纯突显上位认同呈现出更低的偏见。单纯的上位认同突显，会呈现出高度偏见，因为被高度重视的次群体认同未得到承认。[③] 作为对认同威胁的回应，个体可能会采取多种行动去保护他们的社会认同，包括强化对他们自己次群体的认同，或体现出更高程度的内群体偏好。霍（Y. J. Huo）和莫利纳（L. E. Molina）的经验研究显示，感受到次群体尊重的增加能够增加对国家认同的积极情感，并降低内群体偏好。承认次群体认同具有群际团结的功效，并间接强化对国家整体的认同。[④] 此外，霍等人

---

① M. Hewstone and R. Brown, "Contact Is Not Enough: An Intergroup Perspective," in *Contact and Conflict in Intergroup Encounters*, ed. M. Hewstone and R. Brown (Oxford, England: Blackwell, 1986), pp.1–44.

② M. J. Hornsey and M. A. Hogg, "Assimilation and Diversity: An Integrative Model of Subgroup Relations," *Personality and Social Psychology Review* 4, No.2 (2000).

③ M. J. Hornsey and M. A. Hogg, "Subgroup Relations: A Comparison of Mutual Intergroup Differentiation and Common Ingroup Identity Models of Prejudice Reduction," *Personality and Social Psychology Bulletin* 26, No.2 (2000).

④ Y. J. Huo and L. E. Molina, "Subgroup Respect," *Group Processes & Intergroup Relations* 9, No.3 (2006).

的一系列研究还证明，次群体认同如族群认同在司法权威[①]、政府权威[②]等与国家认同高度相关的维度上具有正向关系而不是负向关系。在这些基于群际关系的研究中，基本结论是促进次级群体认同可以有效提升群际团结，并进而促进国家认同。

（五）共生论的其他心理学机制

冲突论有相对较为明晰的心理学机制解释，社会认同理论（social identity theory）和自我归类理论（self-categorization theory）为其提供了一个基础的解释框架。相关理论认为，自我归类使得人们形成“我们”的突显概念以及与他者的区分；在缺乏其他规范性准则的情况下，人们倾向于积极评价内群体而非外群体。功能性拮抗（functional antagonism）原则宣称，在任何时候，同一主体某个层次的认同将会压抑其他层次的认同。[③]社会认同理论似乎暗示，对于少数族群成员而言，同时认同族群和主流群体可能存在问题，因为两者之间在态度、价值和行为上存在冲突。[④]

相对而言，共生论的心理学机制并未得到清晰地阐释。从相关研究之中，大致可以寻找到一些细枝末节的关联性解释。第一种理论解释是，一个领域中认同的发展可能与另一个领域中认同的发展

---

①Y. J. Huo,"Procedural Justice and Social Regulation across Group Boundaries: Does Subgroup Identity Undermine Relationship-based Governance?" *Personality and Social Psychology Bulletin* 29, No.3 (2003).

②Y. J. Huo, L. E. Molina, R. Sawahata, and J. Deang,"Leadership and the Management of Conflicts in Diverse Groups: Why Acknowledging versus Neglecting Subgroup Identity Matters," *European Journal of Social Psychology* 35, No.2 (2005).

③J. C. Turner, M. A. Hogg, P. J. Oakes, et al., *Rediscovering the Social Group, A Self-Categorization Theory* (Oxford: Basil Blackwell, 1987).

④Arpana G. Inman,"South Asian Women: Identities and Conflicts," *Cultural Diversity and Ethnic Minority Psychology* 12, No.2 (2006).

存在积极正向关联。基础理论和相关研究认为，群体认同通常会产生积极体验，这种积极体验又能创造一种更具适应性的心理状态，从而对其他认同的进一步发展产生建设性的效果。[①]第二种理论解释是，每一种认同都内在地包含行为、认知、情感等多种维度。在这些不同的维度上，不同认同之间的关系可能是存在变化和歧异的。从这个角度来说，国家认同与族群认同之间的关系并不必然是冲突的。[②]第三种理论解释是，特定的认同（如国家认同）可以和个体所持有的其他认同（如族群认同）相关联。既有理论假设在任何给定情境下，只有一种社会认同是突显并且与行动相关联的。关联理论则认为，必须考虑认同之间的互联性（interconnectedness），两种或多种社会认同同时突显且相互兼容的情况是存在的。[③]

四、共生论的理论意涵与现实启示

从前述文献对比中可以看出，国内学界偏重对认同客体的分析，通过国家与族群互动的视角来认识国家认同与族群认同的共生关系；国外学界偏重对认同行为的分析，以认同本质上是一种心理现象的视角来探究国家认同与族群认同的共生关系。前者长于揭示共生论的政治、文化和社会脉络，后者长于揭示共生论的心理学机

---

① T. E. Fuller-Rowell, A. D. Ong, and J. S. Phinney, "National Identity and Perceived Discrimination Predict Changes in Ethnic Identity Commitment: Evidence from a Longitudinal Study of Latino College Students," *Applied Psychology* 62, No.3 (2013).

② N. Elias and J. Blanton, "Dimensions of Ethnic Identity in Israeli Jewish Families Living in the United States," *Psychological Reports* 60, No.2 (1987).

③ M. Cinnirella, "A Social Identity Perspective on European Integration," in *Changing European Identities, Social Psychological Analysis of Social Change*, eds. G. M. Breakwell and E. Lyons (Oxford: Butterworth-Heinemann, 1996), pp.253-274.

制，两者的结合可以为国家认同与族群认同的共生共存关系提供一套具有解释力和支撑力的理论框架。在上述理论建构的基础上，本文尝试从如下几点简要论述共生论的理论意涵及现实启示。

第一，共生论的理论贡献修正了冲突论的单维视角，使人们在国家认同与族群认同关系上形成辩证认识。然而，又只有超越这种辩证认识的框架，共生论才能寻找到更为坚实的理论框架。人们在判定国家认同与族群认同是冲突对立关系抑或共生共存关系的时候，通常将这种关系视作两种认同本质属性的体现。但是越来越多的实证研究揭示了两种认同的关系并非完全是由其自身属性决定的，而是包括国家历史、民族政策、族群关系、利益机制、感知歧视、群体地位等诸多外在因素共同作用的结果。也就是说，国家认同与族群认同的关系是许多外在因素联合作用、交互作用的体现。如果这一理论假设成立的话，将从根本上否定冲突论的基本论点。从另一个角度来说，这也将是国家认同与族群认同两者能够和谐共存最强有力的理论解释。

第二，共生论要求承认与尊重族群认同的积极价值。多族群国家建设过程中时常以强化国家认同为目标，而族群认同则成为被压制的对象。然而客观上，族群认同却具有极为强大的感召力。菲尼2001年的一项研究表明，每一个国家中族群认同的得分都高于国家认同的得分，显示族群认同相对于国家认同而言是一种更为突显的身份认同。[①] 此外，大量实证研究都证实了族群认同在促进社会融合、维持身心健康、平衡群际关系等方面的积极作用。以多元文化

①J. S. Phinney, G. Horenczyk, K. Liebkind, and P. Vedder, "Ethnic Identity, Immigration, and Well-Being: An Interactional Perspective".

主义作为意识形态基础的共生论，要求承认与尊重族群认同的独特价值，扭转以牺牲族群认同为代价的国家认同建构行为。一些理论框架还指出，正是族群认同面临威胁，才导致其与国家认同之间呈现出冲突关系。

第三，共生论将个体层次视作认识国家认同与族群认同关系的重要维度。传统上，学界从国家层次或群体层次去分析国家认同与族群认同的关系。国家层次的出发点往往是对国家合法性的追求，倾向于将族群认同视作对国家合法性的挑战；群体层次的出发点往往是对族群独特性的追求，倾向于将国家认同视作对族群独特性的压制。由于这两个集体主义的层面都潜藏着冲突论的预设，从这两种集体主义的层面去建构共生论都面临着无法排遣的内部张力。这昭示我们，应该尝试从个体层次去建构国家认同与族群认同之间的共生关系。很多研究都证明了这一点，既不是拒斥国家认同保留族群认同，也不是抛弃族群认同拥抱国家认同，而是兼具国家认同与族群认同才可以为个体赢得最好的心理和社会适应能力。

第四，共生论倡导对双元认同能力的培养。对国家认同与族群认同关系的判断会直接影响到对多族群国家认同建构路径的选择。然而无论是主张冲突论的学者，还是主张共生论的学者，都在积极倡导通过认同整合的方式去缓解多民族国家建设过程中所面对的张力。当我们打着共生论的旗号，以公民身份、国族建构或者其他形式进行认同整合的时候，又再次滑入了冲突论的泥淖。切实且彻底地反映共生论主张的实践路径显然不应该是认同整合，而是双元认同能力的创造。所谓双元认同能力是指个体能够在国家认同与族群认同之中自如且有效地生活，而无需任何一种认同付出牺牲或妥协的代价。拉希德（H. M. Rashid）曾宣称，双元文化主义是所有美国人必须拥有的特质，因为它在制度结构体系中创造出效能感的同时，还在族群根源上形成了自豪感与认同感。[①]发展与形成双元认同能力需要培育一系列的能力与技巧[②]，这无疑是一个艰难的过程。尽管如此，其创建性的思路和经验依然值得我们在多民族国家认同建构过程中予以汲取和借鉴。

---

①H. M. Rashid, "Promoting Biculturalism in Young African-American Children," *Young Children* 39, No.2 (1984).

②T. LaFromboise, H. L. Coleman, and J. Gerton, "Psychological Impact of Biculturalism: Evidence and Theory".

论中华民族多元一体格局与中华民族共同体建设①

1988 年费孝通先生提出了中华民族多元一体格局理论，在海内外学界引发巨大反响。这一理论被认为“是研究中华民族结构的核心理论，是解开中华民族构成奥秘的钥匙”②，“对中华民族构成的全局和中国的民族问题作了高层次的宏观的新概括”③。三十年来，中华民族多元一体格局已经成为国内学者研究中国民族问题、民族理论、民族政策的主流理论范式，推动着中华民族研究的不断深入发展。毫无疑问，关于中华民族共同体的探讨都会自觉或不自觉地与中华民族多元一体格局展开理论对话，或多或少地与中华民族多元一体格局产生理论交集，这一共识在很多学者的研究成果中均有所体现。然而对现有研究进行审视可以发现，针对中华民族共同体与中华民族多元一体格局两者关系进行整体性探究的文章还较为少

---

① 本文原发表于《湖北民族学院学报》（哲学社会科学版）2019 年第 1 期。

② 陈连开：《关于中华民族结构的学术新体系——中华民族多元一体格局理论的评述》，《民族研究》1992 年第 6 期。

③ 宋蜀华：《认识中华民族构成的一把钥匙——〈中华民族多元一体格局〉读后》，《中央民族大学学报》（哲学社会科学版）2000 年第 3 期。

见。无论是从推进中华民族共同体建设的实践需求出发，还是从廓清中华民族多元一体格局的理论关怀出发，都极有必要对两者的关系进行全面系统地考察。

一、中华民族共同体对中华民族多元一体格局的深化

党的十八大以来，以习近平同志为核心的党中央在民族工作上提出了一系列新论断、新理念、新战略，形成了习近平总书记关于加强和改进民族工作的重要思想，指引党的民族工作取得新的历史性成就。[①] 习近平总书记关于加强和改进民族工作的重要思想集中体现于习近平总书记关于民族工作系列重要讲话、指示和批示之中，党的十九大报告将其凝练概括为“全面贯彻党的民族政策，深化民族团结进步教育，铸牢中华民族共同体意识，加强各民族交往交流交融，促进各民族像石榴籽一样紧紧抱在一起，共同团结奋斗、共同繁荣发展”。尽管习近平总书记关于加强和改进民族工作的重要思想包含着丰富的内容，但中华民族共同体意识作为其中最具创新意义的部分在整个思想体系中无疑占据着重要地位。基于此，无论是官方还是学界都纷纷将中华民族共同体意识视作习近平总书记关于加强和改进民族工作的重要思想的核心内容。例如巴特尔在讲话中强调习近平新时代民族工作思想的“主线是巩固和发展中华民族命运共同体”[②]；有学者将铸牢中华民族共同体意识定位为

---

①郝时远：《习近平新时代中国特色社会主义思想与民族工作》，《民族研究》2017 年第 6 期。

②巴特尔：《深入学习贯彻习近平新时代中国特色社会主义思想　奋力开创新时代民族工作新局面》，《中国民族》2018 年第 1 期。

新时代民族工作思想的主基调和主旋律[①]；还有学者更是将新时代中国特色社会主义民族理论整体性地界定为“习近平中华民族共同体建设思想”予以阐释解读[②]。

基于中华民族共同体的重要理论与实践意义，学界积极展开对这一概念内涵与外延的探讨，并试图在此基础上确定其基本性质与功能定位。在中华民族共同体的理论建构过程中，中华民族多元一体格局是一个无法回避的研究基础与理论视角。有学者敏锐地指出，“中华民族、中华民族共同体和中华民族共同体意识是当前学术界和学者们关注的主要议题。而这些讨论多是在费孝通先生提出‘中华民族多元一体格局’的基础上展开的”[③]。事实上，习近平总书记在2014年中央民族工作会议重要讲话中，对中华民族多元一体格局与中华民族共同体意识两个概念都作了强调。在论述中华民族多元一体格局时，习近平总书记指出：“我国历史演进的这个特点，造就了我国各民族在分布上的交错杂居、文化上的兼收并蓄、经济上的相互依存、情感上的相互亲近，形成了你中有我、我中有你，谁也离不开谁的多元一体格局。中华民族和各民族的关系，是一个大家庭和家庭成员的关系，各民族的关系，是一个大家庭里不同成员的关系。”在论述中华民族共同体意识时，习近平总书记指出：“加强中华民族大团结，长远和根本的是增强文化认同，建设各民族共有精神家园，积极培养中华民族共同体意识。”这种表述方式

①王延中：《铸牢中华民族共同体意识 建设中华民族共同体》，《民族研究》2018年第1期。

②常安：《习近平中华民族共同体建设思想研究》，《马克思主义研究》2018年第1期。

③严庆：《本体与意识视角的中华民族共同体建设》，《西南民族大学学报》（人文社会科学版）2017年第3期。

一方面是对费孝通先生提出的中华民族多元一体格局理论的充分肯定，另一方面则印证了这两个概念之间紧密的内在关联。

学界积极开展中华民族共同体与中华民族多元一体格局关系的探讨，大致是出于两种目的：一是以此来形成对中华民族共同体性质与定位的判断，二是以此来形成对中华民族共同体建设方向与目标的判断。综合审视学者们关于两者关系的不同论述，大致可以找到以下几种代表性观点：第一种可称之为“深化论”，认为中华民族共同体是对中华民族多元一体格局理论的坚持与深化。例如朱维群认为，铸牢中华民族共同体意识“可以看作是新的历史条件下‘中华民族多元一体格局’理论在民族工作实践中的进一步深化”，并将坚持中华民族多元一体视作是铸牢中华民族共同体意识的原则和手段。[①] 第二种可称之为“侧重论”，认为中华民族共同体强调在中华民族多元一体格局中应侧重和加强“一体”的建构。例如关凯认为，从“中华民族”到“中华民族共同体”发生的概念转换，具有深刻的理论内涵。“中华民族共同体”在文化和族群意义上是多元的，但在政治上是一体的。如果我们把“多元一体格局”理解为“文化多元、政治一体”，其关键是在后者。[②] 第三种可称之为“超越论”，认为中华民族共同体是在确认中华民族多元一体格局的基础上，试图“明确中华民族整体性、一致性”“强化中华民族整体利益和共同利益”。例如王延中认为：“习近平新时代中国特色社会主义思想体系中不仅继承了中华民族多元一体格局的整体表述，更进一步明确提出了‘铸牢中华民族共同体意识’、‘建设中华民族共

① 朱维群：《如何铸牢中华民族共同体意识》，《环球时报》2018 年 5 月 3 日第 14 版。

② 关凯：《建构中华民族共同体：一种新的文化政治理论》，《中央社会主义学院学报》2017 年第 5 期。

有精神家园’等强化中华民族整体性的具体工作方向。”[①] 综合以上几种认识，可以看到不同的表述中有着诸多共识。如认可中华民族多元一体格局对于中华民族共同体建设的基础性作用；认可中华民族共同体对中华民族多元一体格局的深化与超越；认可中华民族共同体的表述中存在对中华民族一体性与整体性的强调。

然而仅有以上些许共识显然不足以准确界定中华民族共同体的基本性质与功能定位，更不足以推动中华民族共同体的理论建构和实践进程。有学者指出中华民族共同体意识的核心就是认同问题[②]，还有学者进一步对中华民族共同体意识与“五个认同”的关系进行了全面论述[③]。受此启发，本文尝试将中华民族共同体意识与三个与其内在关联密切的认同——中华文化认同、中国国家认同、中华民族认同之间的关系进行厘清，以便增进对中华民族共同体的进一步认识。与其他文章试图论证中华民族共同体意识与各种认同之间的契合关系不同，本文认为需要从差异性和互补性出发，探寻中华民族共同体意识的创新性内涵。

对中华民族共同体意识与中华文化认同关系的认识，有助于理解中华民族共同体的基本性质。一些研究认为中华民族共同体意识的核心是文化认同，这就使其与中华文化认同之间呈现出重叠状态。传统视角下民族就是共享文化特性的人群共同体，中华民族作为 56 个民族的复合体也是一个文化共同体。然而，“中华民族是一

---

① 王延中：《铸牢中华民族共同体意识 建设中华民族共同体》。

② 王文光、徐媛媛：《中华民族共同体意识形成与发展的历史过程研究论纲》，《思想战线》2018 年第 2 期。

③ 郎维伟、陈瑛、张宁：《中华民族共同体意识与“五个认同”关系研究》，《北方民族大学学报》（哲学社会科学版）2018 年第 3 期。

个历史文化内涵和政治内涵都十分突出的共同体。但从现实状况来看，中华民族的政治属性和政治内涵并未受到应有的重视，中华民族仅被当作历史文化现象看待”，“中华民族共同体，既是命运共同体，也是文化共同体，更是政治共同体”。[①] 中华民族共同体是“政治的中国人”的统称，是超越文化与族裔的政治共同体。[②] 从这种角度来看，中华民族共同体意识强调的不只是文化认同，而是与国家的政治认同有更为强烈的对应关系。

对中华民族共同体意识与中国国家认同关系的认识，有助于理解中华民族共同体建设的必要性。上文指出中华民族共同体意识与对国家的政治认同关联紧密，那么它和中国国家认同的关系为何？中国的“国家”概念是高度总体性的，它不区分地域意义上的国度（country）、民族共同体（nation）、暴力统治机器（state）以及行政执行机构（government）。[③] 盖因为此，我们经常并不清楚我们所言的国家认同具体指称的是哪一种类型或层次的国家。所谓的国家认同，全称应该是民族—国家认同。[④] 其中既包含对作为民族共同体（nation）的认同，也包含对国家政治制度（state）的认同。从西语的使用情况来看，国家认同通常指的是 nation 意义上的认同；国内现有的国家认同研究通常注重对国家政治制度的认同而忽视对作为民族共同体的认同，注重 state building 而忽视 nation building。从民族—国家的角度而言，共同体意识对于国家而言不可替代。中华民

①周平：《中华民族：中华现代国家的基石》，《政治学研究》2015 年第 4 期。

②关凯：《建构中华民族共同体：一种新的文化政治理论》。

③项飚：《普通人的“国家”理论》，《开放时代》2010 年第 10 期。

④王卓君、何华玲：《全球化时代的国家认同：危机与重构》，《中国社会科学》2013 年第 9 期。

族共同体意识同样也是国家认同的重要组成部分，甚至是国家认同中最为核心的部分。不管是民族结构简单的国家，抑或是民族结构复杂的国家，都必须努力建构一体性的民族共同体认同，以便为统一的国家认同提供支撑。威尔·金里卡在对多民族国家的认同政治问题进行考察时指出，即使是那些对所有内部民族的认同给予平等公开承认和容纳的国家，也会试图努力建构并推进一种新的超越现有民族认同的超民族认同或泛国家认同。[①]

对中华民族共同体意识与中华民族认同关系的认识，有助于正确理解中华民族共同体意识的创新性。如果将中华民族共同体意识视作一种认同的话，在概念上与其最接近的就应该是中华民族认同。但如果两者是等同的，那么中华民族共同体意识这种提法还有何意义呢？这种认识的出现事实上与中华民族的传统理解有很大的关联。"'中华民族'概念出现伊始，人们就一直习惯于从族裔共同体和族裔特征的意义上来理解中华民族"，"中华民族共同体是一个维护国家统一、民族团结的文化政治概念，不完全等同于传统意义上的'中华民族'，而是在新时期新形势下有了新的内涵"。[②]以"中华民族+共同体"的表述方式，一是可以强调中华民族整体性和一体性，凸显中华民族作为实体民族的存在，二是有利于摆脱中华民族问题上存在的诸多争论。即使在中华民族多元一体格局提出之后，围绕中华民族的构成及其性质等方面依然存在诸多争论。与"中华民族"相比，"中华民族共同体"更强调了"共同"的民族实体意义——共同的历史记忆、共同的精神文化、共同的责任使命、

①威尔·金里卡：《多民族国家中的认同政治》，刘曙辉译，《马克思主义与现实》2010年第2期。

②关凯：《建构中华民族共同体：一种新的文化政治理论》。

共同的前途命运。[①] 以“共同体”作为“中华民族”的隐喻，为理解中华民族提供了参考的客观具象，丰富和充实了对“中华民族”的认知。[②]

二、中华民族共同体意识是中华民族多元一体格局存续的必要条件

在中华民族多元一体格局形成与发展的过程中，一体意识一直起着凝聚与维持多元结构的作用。时至今日，将这种一体意识进一步升华和明确为共同体意识，对于中华民族多元一体格局的存续极有必要。

首先，中华民族多元一体格局中长期存在的内部张力在理论与实践中均有所体现。费孝通先生在《中华民族多元一体格局》一文中指出：“可以说在中华民族的统一体之中存在着多层次的多元格局。各个层次的多元关系又存在着分分合合的动态和分而未裂、融而未合的多种情状。”[③] 陈连开先生指出：“中华民族多元一体格局理论和中华民族形成的研究，在 20 世纪晚叶的中国出现高潮，是有其历史必然性的。对中华民族结构中的‘一’与‘多’进行讨论和研究，盖可以说与 20 世纪同步而来，又在 20 世纪中华民族的每一个历史关键时刻，都引发出研究讨论的新高潮。”[④] 陈连开先生将晚

---

①严庆：《本体与意识视角的中华民族共同体建设》。

②郝亚明、赵俊琪：《“中华民族共同体”：话语转变视角下的理论价值与内涵探析》，《北方民族大学学报》（哲学社会科学版）2018 年第 3 期。

③费孝通主编《中华民族多元一体格局》修订本，中央民族大学出版社，1999，第 36 页。

④陈连开：《中华民族多元一体格局·修订本跋》，载费孝通主编《中华民族多元一体格局》，中央民族大学出版社，2018，第 311 页。

清立宪派与革命派关于中华民族结构的争辩、抗战时期关于“中华民族是一个”的争论等视作先导，认为中华民族多元一体格局是对“20世纪以来关于中华民族结构‘一’与‘多’辩证关系的研究，一个阶段性的总结，从而开拓了关于中华民族研究的新局面”。[①]关凯也指出：“或许费孝通没有点明的是，‘多元’与‘一体’在某种程度上的对立紧张，正体现出‘中华民族’的结构特性。如果‘中华民族’无法包容‘多元’或者无力塑造‘一体’，何谓‘中华民族’？”[②]诸多学者的类似表述，暗示了无论是从理论还是实践而言，都需要在“多元”与“一体”均衡关系的基础上进行共同体的建构。

其次，中华民族在从自在到自觉转向过程中内部巩固机制尚需进一步完善和加强。从历史的进程来看，中华民族从自在向自觉的转变过程主要是由外部力量所致，而这个自觉的民族实体的内在动因并未完全建立，因此才需要进一步进行中华民族共同体的建设。不少学者论及，在民族国家的时代，中国的民族国家构建过程尚未完结。最突出表现在未能建构成一个与国家相匹配的政治民族，未能有效实现这个国家民族对国家的认同。这一点在费孝通先生的论述中也可以找到线索：“中华民族作为一个自觉的民族实体，是近百年来中国和西方列强对抗中出现的，但作为一个自在的民族实体则是几千年的历史过程所形成的。”[③]从这一论述中可以看到两点：其一是时间短。以汉族作为凝聚核心的文化共同体已经有几千年历

①陈连开：《中华民族多元一体格局·修订本跋》，载费孝通主编《中华民族多元一体格局》修订本，第366—371页。

②关凯：《族群政治》，中央民族大学出版社，2007，第252页。

③费孝通主编《中华民族多元一体格局》修订本，第3页。

史，而以国家作为凝聚核心的政治共同体则不到两百年的历史。其二是外在因素主导。近代西方帝国主义列强入侵带来的外在压力与知识体系，更新着国人对中华民族的认识，促使了自觉的中华民族的形成。外在的力量使得中华民族进一步凝聚并形成自我意识，但内在的力量和凝聚的因素并未全面系统地建立，这既是近现代以来中国边疆危机的内在根源，也是当前民族问题遍布危机的现实动因。这些都使得推动中华民族共同体建设成为必然的选择。

再次，中华民族多元一体格局在现实中面临着结构解体的危机，必须更加重视对一体性的强调。以统一多民族国家形态存在的中华民族多元一体格局，在与传统民族国家理论保持持续性对抗关系之外，在当前还面临着一系列内在和外在力量的冲击与挑战。内在挑战主要体现在城市化和市场化上。这两者促进了人口和资源流动及配置模式的转型，使得族际分布格局突破了传统意义上的“大杂居、小聚居”模式，各民族人口一定意义上从“背靠背”走向了“面对面”，族际交往交流交融进入了一个新的阶段。但在一定时期内，以市场、效率取代计划、公平作为资源配置的主导力量，可能会使得群际竞争性关系有所提升、族际社会分层现象有所增加，同时族际交往的增加也不可避免会带来一些负面族际接触，刺激两种民族主义的滋生。外在挑战主要体现在全球化和信息化上。当全球化浪潮迎来信息化时代，包括国家在内的诸多群体组织都面临着实体边界日渐模糊与消解的巨大挑战，认同竞争与认同冲突日益成为学术研究和政治实践共同的热门话题。一方面，“全球化造成国家权力开始分层化和中空化，国家在权力体系中的中心地位受到一定程度的动摇”①；另一方面，“全球化在抽离国家力量的同时，还进一步使事物本土化。全球化为地方自治和新型地方主义创造了需求，地方身份认同开始变得备受关注”②。这些因素综合起来，使得多元一体格局中的多元性得以彰显，而一体性则被遮掩起来。为了维系“多元”与“一体”之间的平衡关系，以中华民族共同体的名义巩固一体性成为了当然的选择。

三、中华民族多元一体格局是中华民族共同体建设的结构性基础

中国是一个历史悠久的多民族国家，千百年来各族人民在这片土地上繁衍生息。2010 年第六次全国人口普查公报显示，各少数民族人口共为 113792211 人，占总人口的 8.49%。中国少数民族人口广泛分布于各省、自治区和直辖市中，并在长期的民族交往和民族流动过程中形成了“大杂居、小聚居”的居住格局。各民族共同生活共同发展，并最终成为了中华民族不可分割的一部分。2014 年中央民族工作会议指出：“多民族是我国的一大特色，也是我国发展的一大有利因素。各民族共同开发了祖国的锦绣河山、广袤疆域，共同创造了悠久的中国历史、灿烂的中华文化。”③

费孝通先生在论述中华民族多元一体格局形成过程时，认为其与世界各地民族形成过程相比既有共性也有特性。共性表现为：“由许许多多分散存在的民族单位，经过接触、混杂、联结和融合，同

---

①俞可平等：《全球化与国家主权》，社会科学文献出版社，2004，第 40 页。

②安东尼·吉登斯：《全球时代的民族国家》，郭忠华、何莉君译，《中山大学学报》（社会科学版）2008 年第 1 期。

③《中央民族工作会议暨国务院第六次全国民族团结进步表彰大会在北京举行》，《人民日报》2014 年 9 月 30 日第 1 版。

时也有分裂和消亡，形成一个你来我去、我来你去，我中有你、你中有我，而又各具个性的多元统一体。”[①] 特性体现在：“汉族继续不断吸收其他民族的成份日益壮大，而且渗入其他民族的聚居区，构成起着凝聚和联系作用的网络，奠定了以这疆域内部多民族联合成的不可分割的统一体的基础，形成为一个自在的民族实体，经过民族自觉而称为中华民族。”[②] 为了论证这一过程，费孝通先生整合大量的考古实证、史料典籍、语言学成果、人类学研究，令人信服地展现了中华民族形成过程及其整体结构的历史画卷。中华民族多元一体格局理论紧密依托中国的历史与现实，对中华民族的多元起源、凝聚核心的形成与发展、地区性多元统一基础上大一统局面、民族间的大混杂大融合大流动等问题进行了理论阐述，清晰完整地展现了中华民族多元一体格局逐步形成的历史进程。在这一过程中，地理条件、生产方式、文化交融、人口混杂、族际交往等一系列因素都起到了至关重要的作用。“中华民族的多元一体格局，是在一定的自然、地理条件下，在一定的人类社会发展历史条件下，经过几千年的漫长过程才逐渐形成的。”[③] 从这个角度来说，中华民族多元一体格局的形成具有一定的历史必然性，是多种内外因相互结合、相互作用的结果。

社会结构对于社会运行而言有着很强的基础性和限定性作用，然而多民族社会结构问题则经常被忽视。人们并没有认识到，在民族构成复杂的多民族国家中，社会结构的民族层面在重要性上并不

①费孝通主编《中华民族多元一体格局》修订本，第 3—4 页。

②同上书，第 3 页。

③马戎：《重建中华民族多元一体格局的新的历史条件》，《北京大学学报》（哲学社会科学版）1989 年第 4 期。

亚于社会结构的阶层层面。多民族社会结构是多民族国家建设的起点与基础，民族关系的大体格局取决于这个国家的民族社会结构。[①]多民族国家是中国的基本国情，而中华民族多元一体格局正是其社会结构在民族层面的集中概括。中华民族共同体建设作为多民族国家建设的核心内容，也必然应该依托于中华民族多元一体格局这一基本社会结构。

对中国作为统一的多民族国家这一基本国情的认识，最深刻地体现在对中华民族多元一体格局的理解与接受上。中华民族多元一体格局凝聚了诸多学术前辈的心血与智慧，是对中华民族形成历史过程的科学、客观、系统的总结，对于理解中华民族的过去与未来都有着极强的理论指导作用。在中国的民族政策与民族实践过程中，应该积极发挥和高度重视中华民族多元一体格局的理论指导作用。在这种理念指导下，中华民族共同体建设及中华民族共同体意识培育问题都应该在中华民族多元一体格局的框架下予以审视。中华民族多元一体格局是中国统一的多民族国家基本国情的集中体现，其中既蕴含着多民族国家聚合和凝聚的内在力量，也蕴含着多民族国家张力与差异的内在力量。中华民族共同体建设实践必然是在基本国情现实的基础上进行，遵循多元一体的基本规律。这种结构性基础一方面要求我们必须重视共同体的建设，另一方面也提醒我们不能超越或无视这一结构性基础去推进共同体建设。

---

①郝亚明：《民族互嵌式社会结构：现实背景、理论内涵及实践路径分析》，《西南民族大学学报》（人文社会科学版）2015 年第 3 期。

四、中华民族多元一体格局框定了铸牢中华民族共同体意识的实践路径

中华民族多元一体格局为中华民族共同体建设提供了客观基础和动力机制，但同时前者对后者也形成了严格的结构性限制。强调进一步铸牢中华民族共同体意识，并不是要打破既有的历史形成的中华民族多元一体格局，而是要在充满变数和冲击的现实中去巩固、延续中华民族多元一体格局。在多元一体格局之下，中华民族共同体建设的根本任务还是平衡和稳定一体与多元之间的关系。无论是将其视作结构限定，抑或是将其视为工作目标，中华民族多元一体格局都在很大程度上框定了铸牢中华民族共同体意识的实践路径。

铸牢中华民族共同体意识需要反对两种民族主义。《中华人民共和国宪法》明确规定："要反对大民族主义，主要是大汉族主义，也要反对地方民族主义。"历史经验证明，一旦大民族主义或狭隘地方民族主义猖獗，必然危及各民族和平相处、国家安定统一的大好局面。中国共产党正是秉持坚决反对两种民族主义的基本立场，才构建了平等团结互助和谐的社会主义民族关系，开创了中华民族多元一体格局的新篇章。以大汉族主义为主的大民族主义通常自视为整个国家或中华民族的代表，无视少数民族的历史贡献和政治地位，实质上动摇了中华民族多元一体格局，阻碍了中华民族共同体意识的形成；而狭隘的地方民族主义则具有保守孤立、排斥异己的特征，试图将本民族的文化、人口、资源、传统居住地等与统一的多民族国家进行切割，甚至在一定意义上成为民族分裂主义的渊薮所在。无疑，大民族主义与地方民族主义都是中华民族多元一体格局的重大威胁，而铸牢中华民族共同体意识的一个重要使命就是试

图消除这两种民族主义滋生的土壤。

铸牢中华民族共同体意识需要促进各民族交往交流交融。语言、宗教、文化、心理和认同上的差异影响到个体或群体的社会互动，使得多民族社会极易出现社会分割的局面。在特定场景下统一的社会可能沿着社会结构的裂痕分化成若干对立的社会群体，进而危及到国家的统一和社会的安定。[①]族际之间的隔离分立最终导致族际关系的恶化对立，而族际之间的交往交流则可以有效改善族际关系。各民族交往交流交融作为一种政策表述，是对中国历史上民族事务成功经验的总结与概括，对于中华民族多元一体格局的形成与维系起到了重要的支撑作用。从这个意义上来说，促进各民族交往交流交融、构建各民族相互嵌入式的社会结构与社区环境，是铸牢中华民族共同体意识的基础性条件。

铸牢中华民族共同体意识需要建设各民族共有精神家园。中华民族共同体的建设除了需要统一的物质基础之外，也必然需要共同的精神文化基础。2014 年中央民族工作会议强调："解决好民族问题，物质方面的问题要解决好，精神方面的问题也要解决好。……建设各民族共有精神家园，积极培养中华民族共同体意识。"一方面，中华民族共有精神家园是中国各民族优秀文化传统的结晶与聚合体，其本身就是中华民族多元一体格局的集中体现。各民族不仅是中华民族共有精神家园的建设者，而且也理所当然是中华民族共有精神家园的拥有者。另一方面，在中华民族共有精神家园建设过程中努力培养和强化中华民族认同意识，既是中华民族共有精神家

---

①郝亚明：《建立各民族相互嵌入型社会结构》，《中国社会科学报》2014 年 7 月 11 日第 B03 版。

园建设目标的基本要求，也是中华民族共有精神家园理论内涵的基本诉求。[①] 建设各民族共有精神家园既是铸牢中华民族共同体意识的应有之义，也是建设中华民族共同体的精神保障。

铸牢中华民族共同体意识需要“五个认同”保驾护航。从习近平同志关于民族工作的相关论述中可以看出，“五个认同”与中华民族共同体意识之间有着极为紧密的理论和逻辑关联。“中华民族共同体意识是在历史上形成的以中国各民族为统一的前途和命运共同体的自觉自知性意识，核心内容是对伟大祖国、中华民族、中华文化、中国共产党、中国特色社会主义的认同。”[②] 中华民族共同体意识的本质和核心是认同问题，“五个认同”的构建与中华民族共同体建设是一个相辅相成的过程。“五个认同”是维护国家统一、民族团结、社会稳定的思想基础，也是培育所有公民中华民族共同体意识、构筑中华民族共有精神家园的基石和底线。[③]

①郝亚明：《中华民族认同：中华民族共有精神家园的建设目标》，《广西民族研究》2011 年第 1 期。

②郎维伟、陈瑛、张宁：《中华民族共同体意识与“五个认同”关系研究》。

③王延中：《铸牢中华民族共同体意识 建设中华民族共同体》。

中华民族共同体意识视角下的民族交往交流交融研究[①]

自2010年1月中央第五次西藏工作座谈会上首次提出“民族交往交流交融”以来，这一方针事实上已经成为我国民族工作的指导性原则之一。在此后的多次民族工作重要会议中，民族交往交流交融无一例外地得到了再三强调。2014年中央民族工作会议对其进行了扩展性论述，“加强各民族交往交流交融，尊重差异、包容多样，让各民族在中华民族大家庭中手足相亲、守望相助”[②]。而党的十九大报告对“加强各民族交往交流交融”的重申，则标志着这一方针在中国特色社会主义新时代党的民族工作中依然具有方向性和指导性意义。

在深刻理解各民族交往交流交融原则自身所具重要意义的同时，也必须清醒地认识到其在理论层面和实践层面所面临的争议与挑战。有学者指出：“‘三交’理念自2010年提出以来，学界就如

①本文原发表于《西南民族大学学报》（人文社会科学版）2019年第3期。

②《中央民族工作会议暨国务院第六次全国民族团结进步表彰大会在北京举行》，《人民日报》2014年9月30日第1版。

何解读其内涵、如何在实践中施行的问题上分别产生了比较激烈的争论。”[①]在理论层面，一方面既有学者质疑“民族交融”概念在内涵上与“民族融合”存在交集，“民族交往交流交融”的新提法容易引发学术争议与思想混乱；另一方面也有学者将“民族交往交流交融”视作民族理论的转型，倡导构建以促进民族交融一体为目标的第二代民族政策[②]。在实践层面，一些地方出台鼓励族际通婚或族际混居的政策，也引发了“以政策制度直接发力推进各民族交往交流交融”与“尊重民族发展的客观规律，反对人为推动‘交融一体’”两种观点之间的论战。[③]

无论是从政策重要性出发，还是从现实争议性考量，围绕“各民族交往交流交融”构建一套完备的理论话语体系都极为必要。某种意义上来讲，正是各民族交往交流交融的现有理论话语无力支撑其实践重要性，才导致其现实争议性的长期存在。鉴于民族交往交流交融作为一种政策指向，对其进行独立解读时难免出现价值导向与功能定位方面的模糊，因此引入共识性、基础性的核心概念，在彼此逻辑关系的锚定过程中去建构民族交往交流交融的理论体系成为必然的选择。本文选择从中华民族共同体意识的角度来建构民族交往交流交融的理论体系，基于以下两方面的考虑：其一是中华民族共同体与中华民族多元一体格局紧密关联，与中国统一多民族国家的基本国情和现实需要紧密契合；其二是中华民族共同体意识在

---

①杨须爱：《“三交”理念提出以来的争论及反思》，《西南民族大学学报》（人文社会科学版）2016年第4期。

②胡鞍钢、胡联合：《第二代民族政策：促进民族交融一体和繁荣一体》，《新疆师范大学学报》（哲学社会科学版）2011年第5期。

③陈永亮：《关于“加强民族交往交流交融”理论的思考——中央民族工作会议精神学习体会》，《民族论坛》2014年第12期。

习近平总书记关于加强和改进民族工作的重要思想中的创新性与基础性地位，其立意与民族交往交流交融的主旨紧密契合。[①] 基于此，本文从铸牢中华民族共同体意识的角度试图回答三个问题：在多民族国家建设中为何要促进民族交往交流交融？在理论上应如何理解民族交往交流交融？在实践中应如何推进民族交往交流交融？

一、铸牢中华民族共同体意识是民族交往交流交融的根本目标

在中国的民族理论话语体系中，民族交往交流交融更多地被设定为一种行动导向而非政策目标。在对“促进民族交往交流交融是什么”这一问题的回答中既产生了诸如“促进民族交融一体”的冒进思潮，也催生了所谓“推进民族人为融合”的保守认识。此种认知分歧的产生，大致反映了两个问题：一是传统民族理论话语的固化影响。“民族融合”概念被认为带有民族同化与民族消亡的意味，导致其他带有“融”字的概念或提法在中国的民族研究学界中饱受质疑。这种情况不仅只针对民族交往交流交融中的“交融”，甚至其他一些在多民族国家建设中被证明有着重要正面意义的政策与理论，如推进少数民族的社会融合、社会融入等提法也受到一定程度的排斥。二是民族交往交流交融作为一种政策导向，其存在目标应如何定位。同样遵循民族交往交流交融的政策原则，可以达成多种多样的政策目标。在理论上，它既可以服务于单一民族国家构建中的民族同化，也可以服务于多民族国家建设中的民族团结。因此，赋予民族交往交流交融更明确的目标定位，是其理论体系建构中一

---

①郝亚明：《论中华民族多元一体格局与中华民族共同体建设》，《湖北民族学院学报》（哲学社会科学版）2019 年第 1 期。

个至关重要的内容。

那么，将何者设定为民族交往交流交融的目标呢？党的十九大报告指出："全面贯彻党的民族政策，深化民族团结进步教育，铸牢中华民族共同体意识，加强各民族交往交流交融，促进各民族像石榴籽一样紧紧抱在一起，共同团结奋斗、共同繁荣发展。"[①] 作为新时代民族工作的指导思想，党的十九大报告的相关论述为我们解答这一问题提供了明确的指向。这段论述有三个关键词，分别是"民族团结""铸牢中华民族共同体意识""各民族交往交流交融"，它们基本上锚定了未来很长一段时间内党的民族工作的主体内容。从本质上来看，民族交往交流交融是一种行动导向，民族团结是一种社会状态，中华民族共同体意识则是一种心理认同。尽管这三者各有侧重，但它们之间并非彼此独立的政策目标，而是有着紧密逻辑关联的理论体系。如果将民族交往交流交融视作一种政策导向的话，民族团结就是这种政策导向的直接目标，而铸牢中华民族共同体意识则是这种政策导向的根本目标。就民族团结与中华民族共同体意识的关系而言，前者是后者的一种外在状态，而后者则是前者的内在支撑。在整个逻辑链条中，民族交往交流交融作为起点，铸牢中华民族共同体意识作为终点。

铸牢中华民族共同体意识之所以能够被视作民族交往交流交融的根本目标，一方面是因其在中华民族共同体理论体系中所居的核心地位，另一方面还在于其反映了中国多民族国家建设的现实需要，契合了当前中华民族多元一体格局发展与延续的基本需求。具

① 习近平：《决胜全面建成小康社会 夺取新时代中国特色社会主义伟大胜利——在中国共产党第十九次全国代表大会上的报告》，人民出版社，2017，第 40 页。

体而言，这一根本目标的确立具有如下几点意义。

其一，将铸牢中华民族共同体意识确立为根本目标，表明了民族交往交流交融对多元一体民族格局的尊重与遵循。中华民族共同体与中华民族多元一体格局有着紧密的理论与现实渊源，两者同样深刻地反映了中国统一多民族国家的基本国情。中华民族共同体作为多民族国家建设的核心内容，必然无法超越或无视中华民族多元一体格局这一结构性基础。从这个意义上来说，将铸牢中华民族共同体意识确立为民族交往交流交融的根本目标，表明我们对中国统一多民族国家基本国情的认识未曾改变，表明我们在尊重多元的基础上凝聚一体的总体目标未曾改变。将铸牢中华民族共同体意识确立为根本目标，不仅使得民族交往交流交融的政策目标和功能定位更加清晰，也可以将民族交融与民族融合进行彻底分割，平息一些学者的质疑与忧虑。同时，鉴于中华民族共同体与中华民族多元一体格局之间一脉相承的理论关联，也可以看出“民族交往交流交融方针的提出标志着中国民族政策转型”的论断是缺乏学理依据的。民族交往交流交融并非要人为改变中国多元民族结构的现实，而是在尊重这一现实的基础上进行多民族国家建设的必要举措。

其二，将铸牢中华民族共同体意识确立为根本目标，彰显了民族交往交流交融着眼于强化中华民族整体性的功能定位。在中华民族多元一体格局形成与发展的过程中，一体意识一直起着凝聚与维持多元结构的作用。然而不容否认的是，在城市化、市场化、全球化、信息化等多重力量的作用之下，中华民族多元一体格局在当今时代面临着结构解体的危机，因此必须更加重视对一体性的强调。如果说中华民族共同体对中华民族多元一体格局有所深化的话，那就是中华民族共同体的表述中存在对中华民族一体性与整体性的强调。[①]将铸牢中华民族共同体意识确立为民族交往交流交融的根本目标，一方面明确了通过族际交往互动、相互学习借鉴、空间与结构上的相互嵌入等过程来构建民族交融团结的社会状态，另一方面也驳斥了片面强调“分”而排斥“合”，强调“多元”而否定“一体”的保守主义、地方民族主义观点。

其三，将铸牢中华民族共同体意识确立为根本目标，设定了以民族交往交流交融来促进中国多民族国家建设的路径选择。在漫长的历史进程中，国人很早就认识到了族际交往对于民族关系的积极意义，但极少将其上升到多民族国家建设的层面。在各民族人口频繁流动的“面对面”时代，民族交往交流交融的意义远超各民族“背靠背”的年代，其影响已经超越了一般的社会生活领域，进入到国家和政治的视域之中。中华民族共同体意识并非只是传统意义上的文化认同，在本质上更是带有政治意义的民族—国家认同。通过广泛而充分的民族交往交流交融形成中华民族共同体意识，是中国多民族国家建设的必然路径选择。

二、围绕铸牢中华民族共同体意识构建民族交往交流交融的理论体系

进行民族交往交流交融的理论构建，除了要回答“政策目标何在”之外，还要回答“目标如何实现”的问题。将铸牢中华民族共同体意识确立为根本目标，解决了民族交往交流交融的功能定位问题。此时，论证如何通过民族交往交流交融的手段达到铸牢中华民

① 王延中：《铸牢中华民族共同体意识　建设中华民族共同体》，《民族研究》2018年第1期。

族共同体意识的目标就成为理论建构的重心所在。这项工作既是民族交往交流交融理论体系不可或缺的组成部分，同时也是对在实践中不理解或不注重加强民族交往交流交融的一种回应。尽管民族交往交流交融是一个不可分割的有机整体，但从逻辑上将其拆分成民族交往、民族交流、民族交融三部分，分析各自在铸牢中华民族共同体意识中的功能，对于其理论建构是极有帮助的。

民族交往的本质是社会交往，它在中华民族共同体意识形成中起到基础前提的作用。持续而紧密的社会交往本身既是一个共同体存在的核心标志，同时也是共同体意识形成与维持的核心要素。马克思指出："社会——不管其形式如何——究竟是什么呢？是人们交互作用的产物。"① 也就是说，没有人与人之间的交往，社会这种人类共同体就不会形成。在民族结构多元的情境中，没有不同民族个体之间、不同民族群体之间持续的社会交往，多民族社会将无以为继，更不可能在此基础上形成共同体意识。所谓民族交往就是族际之间的接触与互动，其对于共同体意识形成的基础性作用有着坚实而广泛的理论和实证基础。例如，群际接触理论（intergroup contact theory）指出，族际交往能够增进彼此之间的了解、缓解接触过程中的焦虑、产生共情等积极情感。同时族际交往的这些积极效应还可以通过接触效果的泛化与接触方式的拓展而得到超乎想象的放大，整体性地作用于民族关系和民族团结的大局。② 概而言之，民族交往是构建平等、团结、互助、和谐社会主义民族关系的必由之路，并最终为铸牢中华民族共同体意识奠定坚实的基础。

---

①中共中央马克思恩格斯列宁斯大林著作编译局编译《马克思恩格斯选集》第四卷，人民出版社，1995，第 532 页。

②郝亚明：《西方群际接触理论研究及启示》，《民族研究》2015 年第 3 期。

民族交流的本质是文化交流，它在中华民族共同体意识形成中起到纽带的作用。这里的文化是广义的，其内涵涵盖了生产生活方式、风俗习惯、生活习性、宗教信仰、社会心理等广泛内容。传统视角下的民族就是共享文化特性的人群共同体，中华民族作为56个民族的复合体也具有文化共同体的意涵。中国地域辽阔、人口众多、生态多样，各个民族在长期的生产生活中形成了多姿多彩的文化形态，共同构成了内涵丰富的中华民族文化。不同民族的文化既有共性的一面，也有个性的一面。无论是对于共同体的正常运转，还是对于共同体意识的培育，不同民族文化之间的交流都是不可或缺的。当前中国的族际互动中存在一些令人担忧的问题，例如不同民族之间的相互了解停留在极为粗浅的层面，人们在对其他民族的认知中夹杂着大量刻板印象和想象性解读，对与本民族文化存在显著差异的文化事项缺乏应有的包容和尊重，其深层原因很大程度在于民族文化交流的不足与不畅。无论是第二次新疆工作座谈会上提出的“各民族要相互了解、相互尊重、相互包容、相互欣赏、相互学习”[①]，还是2014年中央民族工作会议讲话中强调的“尊重差异，包容多样”，其所指主要是针对中国56个民族具有多元性和差异性的文化特点。这些讲话既强调了民族文化交流的重要性，也表明了当前民族文化交流上的不充分。从这个意义上来说，作为各个民族精神文化聚合物的各民族共有精神家园就具有极其重要的意义。中华民族共同体的建设除了需要统一的物质基础之外，也必然需要共同的精神文化基础。2014年中央民族工作会议强调“解决好民族问

①《坚持依法治疆团结稳疆长期建疆 团结各族人民建设社会主义新疆》，《人民日报》2014年5月30日第1版。

题，物质方面的问题要解决好，精神方面的问题也要解决好。……建设各民族共有精神家园，积极培养中华民族共同体意识”。[①] 各民族共有精神家园必然是在各民族文化进行广泛的交流互动、相互吸收吸纳的基础上，形成一个共性的文化基础，从而成为中华民族共同体意识的纽带。通过加强民族交流，建设各民族共有精神家园既是铸牢中华民族共同体意识的应有之义，也是建设中华民族共同体的精神保障。

民族交融的本质是结构交融，它在中华民族共同体意识形成中起到结构支撑的作用。有别于将其与民族融合关联起来的错误理解方式，民族交融应该从结构交融的角度进行理解，它强调的是不同民族的个体、群体在社会结构上的相互渗入和彼此关联。社会结构指的是一个社会中社会成员的组成方式及其相互关系的稳定模式，而民族社会结构正是其中的一个重要维度。在多民族社会中，民族关系的稳定及共同体意识的形成有赖于不同民族之间在社会结构上的相互交融。西方学者在对一些多民族国家社会结构深入分析的基础上，提出了平行社会（parallel society）这一概念，以描述少数族群与主体族群之间在社会结构上严重断裂的场景。所谓平行社会，就是少数族群尽可能避免与主流社会在空间、社会或文化上进行接触，与主流社会形成互不相交的状态。[②] 平行社会的出现是多民族社会结构断裂的重要标志，此时族际关联隔绝、社会凝聚力缺乏、民族关系脆弱，是一种典型的与共同体或共同体意识背道而驰的社会状态。如果说平行社会表述的是多民族社会结构上的恶性状态，

---

①《中央民族工作会议暨国务院第六次全国民族团结进步表彰大会在北京举行》。

②Mueller C, “Integrating Turkish Communities: A German Dilemma,” *Population Research and Policy Review* 25, No.5 (2006).

那么各民族相互嵌入式社会结构则表述的是一种理想状态。所谓民族互嵌型社会结构，就是各民族通过频繁而有序的交往交流交融，形成一个结构相连、利益相关、情感相通的共同体的社会形态。中国当前的多民族社会结构远未达到这一理想状态，例如有学者指出许多领域中存在汉族与少数民族之间的系统性的制度化区隔，并将其称之为“中国社会的另一类‘二元结构’”①。中央推动建立各民族相互嵌入式社会结构，其目的就在于“打破民族结构与其他社会结构的重合，使不同民族成员掺杂或嵌入到其他社会结构中去，从而为消除民族隔阂、实现交融创造条件”②。以其消解多元社会张力和构筑族际整合基础的基本功能，为多民族国家建设提供相应的社会基础和社会动力。③从这个意义上来说，民族交融的过程就是建立各民族相互嵌入式社会结构的过程。通过加强民族交融来建立各民族相互嵌入式社会结构，为铸牢中华民族共同体意识提供社会结构层面的支撑。

综合而言，民族交往交流交融有助于构建平等、团结、互助、和谐的社会主义民族关系，有助于建设各民族共有精神家园，有助于建立各民族相互嵌入式社会结构，从而达成铸牢中华民族共同体意识的根本目标。

---

①马戎：《中国社会的另一类“二元结构”》，《北京大学学报》（哲学社会科学版）2010年第3期。

②王希恩：《民族的融合、交融及互嵌》，《学术界》2016年第4期。

③郝亚明：《民族互嵌式社会结构：现实背景、理论内涵及实践路径分析》，《西南民族大学学报》（人文社会科学版）2015年第3期。

三、铸牢中华民族共同体意识是民族交往交流交融的实践指引

作为根本目标的铸牢中华民族共同体意识，不仅是民族交往交流交融理论构建的中心，也是民族交往交流交融实践工作的指引。因此，在加强民族交往交流交融的实践工作中，坚持以铸牢中华民族共同体意识作为指引是极为必要的。

首先，在推进民族交往交流交融的实践工作中，要避免本末倒置，造成对铸牢中华民族共同体意识实质性的负面影响。就政策设计和学理逻辑而言，在民族交往交流交融与铸牢中华民族共同体意识两者之间：前者是手段，后者是目标；前者是形式，后者是内容。然而，与铸牢中华民族共同体意识作为高层次目标所具有的抽象性相比，民族交往交流交融与社会现实生活结合得更为紧密，因而在实践工作中通常得到更多的强调，并成为大多数政策实践的抓手。这就容易导致人们对两者关系的认识出现偏差，民族交往交流交融独立于铸牢中华民族共同体意识，成为其自身的实践目标。这种手段代替目标的认识偏差在实践工作中表现为，为了推动民族交往交流交融而推动民族交往交流交融，在加强族际交往、文化交流、结构交融的实践中遗忘或忽略了铸牢中华民族共同体意识的中心地位。可以想象，那些不顾条件、不顾基础、一刀切的政策行动，表面上看似加强了民族交往交流交融，实质上却可能有损于中华民族共同体意识的形成与巩固。

其次，在推进民族交往交流交融的实践工作中，要消除片面认识，正确理解其对于铸牢中华民族共同体意识的积极意义。这些片面认识主要表现为怀疑民族交往交流交融对于中华民族共同体意识的构筑作用，忧虑民族交往交流交融会导致多元民族文化的消逝与民族同化的产生。前者可能会导致民族交往交流交融实践工作中的

消极、怀疑态度，后者可能会导致民族交往交流交融实践工作中的保守、排斥心理。费孝通先生整合大量的考古实证、史料典籍、语言学成果、人类学研究，对中华民族的多元起源、凝聚核心的形成与发展、地区性多元统一基础上的大一统局面、民族间的大混杂大融合大流动等问题进行了理论阐述，清晰完整地呈现了中华民族多元一体格局逐步形成的历史进程。[①]其中一个根本性的结论是，民族交往交流交融是中华民族多元一体格局形成发展的核心推动力。同时我们还应该看到，民族交往交流交融的直接目标并非追求民族之间共性的增加，而是民族之间纽带的增强。事实上，将铸牢中华民族共同体意识确立为民族交往交流交融的根本目标，一定程度上正是试图将其与民族融合或民族同化进行彻底地切割和区分。民族交往交流交融是铸牢中华民族共同体意识的重要路径，铸牢中华民族共同体意识是民族交往交流交融的根本目标。澄清这一领域内的片面乃至错误认识，才能以一种不急躁、不冒进、不消极、不抵触的态度推动民族交往交流交融实践工作。

再次，在推进民族交往交流交融的实践工作中，要尊重客观规律，确保族际互动精准助力铸牢中华民族共同体意识。这里的客观规律，一方面是指民族交往交流交融自身的规律。民族交往交流交融涉及复杂的人际群际互动、多元文化碰撞、社会结构重组等问题，在每一个方面都有自身的运行规律存在，它们既是民族交往交流交融的现实基础，也是其无法回避的客观制约。例如，群际互动受互动场景中各种因素和条件的影响，既可能发展成积极接触以改

---

①费孝通主编《中华民族多元一体格局》修订本，中央民族大学出版社，1999。

善群际关系，也可能发展成消极接触并恶化群际关系；[①] 文化交流在起始阶段会引发文化震撼，在整个过程中都潜藏着文化冲突的可能；结构交融与群体排斥相伴相随，往往难以突破初级群体圈子的势力范围。诸如此类的客观规律都有较多的理论和实证研究作为支撑，只有在推进民族交往交流交融的实践工作中对此有所认识、有所准备，才能围绕铸牢中华民族共同体意识这一目标坚定、灵活、妥善地应对。另一方面的客观规律是指民族工作自身的规律。做好新形势下的民族工作需要“绵绵用力、久久为功”。无论是作为手段的民族交往交流交融，还是作为目标的铸牢中华民族共同体意识，其自身都是一个多元复杂因素交织的体系。这就要求我们在以民族交往交流交融来铸牢中华民族共同体意识的实践工作中，系统地规划、稳步地推行、广泛地实践、长期地积累，避免急功近利的做法与“毕其功于一役”的冒进思想。

最后，在推进民族交往交流交融的实践工作中，要树立目标观念，以是否有利于铸牢中华民族共同体意识作为评判准绳。基于中华民族多元一体格局，通过加强民族交往交流交融，达到铸牢中华民族共同体意识的根本目标。这既是民族交往交流交融的整体理论框架，也是民族交往交流交融的实践评价标准。2014 年中央民族工作会议指出，要加强各民族交往交流交融，要推动建立相互嵌入式的社会结构和社区环境，从居住生活、工作学习、文化娱乐等日常环节入手，创造各族群众共居、共学、共事、共乐的社会条件。[②] 在推行诸如此类旨在加强民族交往交流交融的实践工作时，要坚决

① 郝亚明：《西方群际接触理论研究及启示》。

② 国家民委民族理论政策研究室编《中央民族工作会议创新观点面对面》，民族出版社，2015，第 73 页。

摒弃从数量、形式、速度等方面来评价政策效果的错误做法。评价民族交往交流交融实践工作成败优劣的标准在于，是否有利于中华民族共同体意识的形成与巩固。以中央和地方的一些积极政策实践为例，如国家民族事务委员会组织少数民族参观团到全国各地进行参观学习，新疆维吾尔自治区持续推行的“民族团结一家亲”活动等。我们之所以将这些政策实践视为成功范例，就在于其通过促进民族交往交流交融的多种方式强化了中华民族共同体意识。

论中华民族命运共同体建设的五大基础路径[1]

2019年，在中华人民共和国70华诞前夕，党中央、国务院隆重召开了第七次全国民族团结进步表彰大会。选择在这一时机召开会议，不仅意在总结建国70年来民族工作成功经验，更昭示和重申了“中华人民共和国是全国各族人民共同缔造的统一的多民族国家”这一宪法理念。习近平总书记在大会讲话中总结了代表我党民族工作成功经验的“九个坚持”，阐述了作为中华民族共同体历史与现实基础的“四个共同”，提出了关于如何建设中华民族命运共同体的“五大路径”。[2] 尤为值得注意的是，习近平总书记在此次讲话中两次直接提及“以铸牢中华民族共同体意识为主线”，这是中央首次正式确认铸牢中华民族共同体意识在新时代党的民族工作中的主线地位。在这一政策定位之下，如何“推动中华民族走向包容性更强、凝聚力更大的命运共同体”就成为亟待回答的实践问题。本文尝试对习近平总书记重要讲话中所提出的五大基础路径——

---

①本文原发表于《西南民族大学学报》（人文社会科学版）2020年第5期。

②具体内容参见习近平：《在全国民族团结进步表彰大会上的讲话》，人民出版社，2019。

“坚持党的领导，团结带领各族人民坚定走中国特色社会主义道路；把各族人民对美好生活的向往作为奋斗目标，确保少数民族和民族地区同全国一道实现全面小康和现代化；以社会主义核心价值观为引领，构建各民族共有精神家园；高举中华民族大团结的旗帜，促进各民族交往交流交融；依法治理民族事务，确保各族公民在法律面前人人平等”[①]——进行一个整体性解读，以增进学界对相关问题的理论认识。

一、党的领导是中华民族命运共同体建设的政治基础

党的领导是中华民族命运共同体建设的政治基础，中华民族命运共同体建设需要党的领导作为政治保障，这是由中国共产党的执政地位、中国的社会主义道路以及中华民族共同体的本质属性共同决定的。

中国共产党是中华人民共和国的缔造者，是现有民族政策体系的设计者，是中国特色解决民族问题正确道路的践行者。中国共产党从成立之初就高度重视民族工作，将其视作中国式现代化建设中的重要环节。在对历史与现实深刻认识的基础上，中国共产党逐步形成了建立单一制国家、用民族区域自治制度来解决国内民族问题的基本思路。1949 年通过的《中华人民共和国政治协商会议共同纲领》和 1954 年通过的中华人民共和国第一部宪法——“五四宪法”均对这一政治架构予以了确认。习近平总书记在第七次全国民族团结进步表彰大会上的讲话中概要性地总结了中国共产党在民族工作中的创举和贡献。民族区域自治制度的确立、将民族平等确立为立

① 习近平：《在全国民族团结进步表彰大会上的讲话》，第 8—11 页。

国根本原则、发展平等团结互助和谐的社会主义民族关系，这些都是中华民族命运共同体得以建设的制度基础。中国共产党领导下的中国特色解决民族问题的正确道路就是中华民族命运共同体建设的道路，两者是一个相向而行的过程。

将民族平等视作立国之本、努力缔造中华民族大家庭，这一价值理念深深植根于中国共产党领导下的社会主义制度之中，也构成了中华民族命运共同体建设的理念基础。习近平总书记在 2014 年中央民族工作会议上强调，中华民族和各民族的关系，是一个大家庭和家庭成员的关系，各民族的关系，是一个大家庭里不同成员的关系。[①] 这一理论判断既反映了当前中国民族关系的现实状况，也体现了社会主义制度的内在要求。中国民族政策从体系设计到具体实践都体现出深深的社会主义烙印。民族区域自治制度、少数民族优惠政策等从制度设置的价值渊源、制度创建和发展过程中所贯彻的基本理念角度来讲，还是要归结到“社会主义”这个中华人民共和国的根本制度上，也只有社会主义，才可以以全国统一的社会主义经济体制，从财政、金融、税收、贸易、基建等多个方面，对国家经济资源配置进行整体性部署安排，以帮助和支持民族地区的经济社会发展。[②] 正是这种社会主义烙印维护着中华民族大家庭的基本格局，创造着建设中华民族命运共同体的现实基础。只有中国共产党领导的社会主义制度，才可能以缔造中华民族大家庭为价值导向；只有缔造中华民族大家庭的价值导向，才能为中华民族命运共

①《中央民族工作会议暨国务院第六次全国民族团结进步表彰大会在北京举行》，《人民日报》2014 年 9 月 30 日第 1 版。

②常安：《理解民族区域自治法：社会主义的视角》，《中央社会主义学院学报》2019 年第 4 期。

同体建设提供相匹配的价值理念支撑。

坚持中国共产党的领导，还与中华民族共同体的本质属性有关。中华民族共同体不只是一个历史文化共同体，它同时还必然是一个政治法律共同体。再进一步说，中华民族共同体是一个以历史文化为内核，以政治法律为边界的共同体。历史文化共同体是一个柔性共同体，提供内聚力，缺乏历史文化的内核，中华民族共同体将缺乏凝聚性。政治法律共同体是一个刚性共同体，提供强制力，缺乏政治法律的边界，中华民族共同体将缺乏强制力。两者的结合，才确保了中华民族共同体成为不可分割的整体。在很多时候，人们通常片面地将中华民族共同体视作一个历史文化共同体，而忽视了其作为政治法律共同体的面相，这是极其危险的一种倾向，有可能威胁到共同体的形成与巩固进程。习近平总书记指出，“坚持党的领导，团结带领各族人民坚定走中国特色社会主义道路”[①]，实质上就是在强调中华民族命运共同体建设的政治保障问题。中华民族共同体的形成与维持需要政治力量的领导与参与，中国共产党承担了这一重大历史使命。事实上，这一点从“五个认同”论述的形成上可以得到印证。在“对伟大祖国的认同、对中华民族的认同、对中华文化的认同、对中国特色社会主义道路的认同”的基础上增加“对中国共产党的认同”这一表述，就具有强调和强化中国共产党在中华民族命运共同体建设中的政治领导功用。

①习近平：《在全国民族团结进步表彰大会上的讲话》，第8页。

二、各民族共同繁荣发展是中华民族命运共同体建设的经济基础

历史唯物主义认为，经济基础决定上层建筑。铸牢中华民族共同体意识绝对不只是精神、思想、意识层面的问题，它同样需要与之相适应的经济基础。对于中华民族命运共同体建设而言，其经济基础就是各民族共同繁荣发展。中国共产党很早就提出了“民族平等、民族团结、各民族共同繁荣”三条解决民族问题的基本原则，其中各民族共同繁荣既是民族团结、民族平等的根本归依，也是民族平等、民族团结的物质保证。进入新世纪以后，党中央提出的“两个共同”——各民族共同团结奋斗、共同繁荣发展，同样体现出对我国民族工作经济物质基础的强调。习近平总书记在2014年中央民族工作会议上指出，要正确把握物质与精神的关系，才能解决好民族问题，“历史和现实都告诉我们，要解决好民族问题，物质方面的问题要解决好，精神方面的问题也要解决好，哪一方面的问题解决不好都会出更多问题。还要认识到，物质力量和精神力量各有各的作用，在很大程度上是不可互相替代的，物质层面的问题要靠增强物质力量来解决，精神层面的问题要靠增强精神力量来解决”①。这提醒我们，在民族团结、民族关系等偏重于思想意识建设性质的民族工作中，一定不能忽视经济物质基础的作用和影响。

党的十九大提出：“中国特色社会主义进入新时代，我国社会主要矛盾已经转化为人民日益增长的美好生活需要和不平衡不充分的发展之间的矛盾。”②相对而言，发展的不平衡不充分在民族地区

---

①国家民族事务委员会编《中央民族工作会议精神学习辅导读本》，民族出版社，2015，第250页。

②习近平：《决胜全面建成小康社会 夺取新时代中国特色社会主义伟大胜利》，人民出版社，2017，第11页。

更为凸显，也需要我们花费更多的人财物力去解决相关问题。2014年中央民族工作会议指出，在发展社会主义市场经济和实行对外开放的历史条件下，我国的民族工作面临“五个并存”的阶段性特征。[①] 其中，至少前三个“并存”都从各个不同角度指出了当前民族地区、部分民族所面临的发展问题——发展不平衡、发展程度差、发展水平低等。因此我们看到，作为习近平新时代民族工作重要论述集中体现的中央民族工作会议精神，有大量的内容集中于少数民族及民族地区经济社会发展这一主题。

中国当前的民族发展差距客观存在，大致由两部分构成。第一是历史上各民族发展基础、发展水平差距问题。在中华人民共和国成立之前，边疆民族地区及绝大部分少数民族整体上都处于积贫积弱的状态。生产方式极为传统，部分地区保留着刀耕火种的原始耕作方式；生产关系极为落后，部分民族内部盛行奴隶制和农奴制；生产力极为低下，相当多的少数民族群众缺衣少食。1949 年，少数民族地区工农业总产值仅为 36.6 亿元，只占全国总量的 3.8%。[②] 第二则是市场经济、商品经济之下民族与地区之间发展不平衡问题。从计划经济向市场经济转型过程中，各民族之间呈现出一定程度的发展不平衡现象。这从个体性普查统计资料中可以看出，在教育水平、产业分布、职业分布和城市化水平等指标上，存在一定程度的族际社会分层现象；[③] 还有学者通过统计指标的计算指出，我国的 5 个民族自治区和其他几个多民族省份在区域经济发展水平、区域

①国家民族事务委员会编《中央民族工作会议精神学习辅导读本》，第 58 页。

②杨寿川：《我国民族经济政策与实践》，《思想战线》2000 年第 4 期。

③马戎：《中国各族群之间的结构性差异》，《社会科学战线》2003 年第 4 期。

社会发展水平、区域教育能力、区域科技能力、区域管理能力等方面，在全国比价中总体上都处于发展劣势。① 根据国家统计局2018年数据，在地区GDP及人均GDP两项指标排名上，内蒙古排名分别为21和9位，新疆排名分别为26和19位，宁夏排名分别为29和15位，西藏排名分别为31和26位，广西排名分别为18和28位，贵州排名分别为25和29位，青海排名分别为30和23位，云南排名分别为20和30位，甘肃排名分别为27和31位。② 可见，5个民族自治区及几个少数民族人口较多省份在这两项指标排名上均不容乐观，还需要进一步加快发展步伐。

中国共产党视“坚持加快少数民族和民族地区发展，不断满足各族群众对美好生活的向往”为民族工作成功经验之一。在2014年中央民族工作会议上，习近平总书记在讲话中用大量的篇幅来论述民族地区经济发展问题，将其视作中华民族命运共同体建设的两大支柱之一。讲话提出要发挥中央、发达地区和民族地区三者的积极性，优化转移支付和对口支援体制机制，重点抓好就业和教育；发挥资源优势，重点抓好惠及当地和生态保护；搞好扶贫开发，重点抓好特困地区和特困群体脱贫；加强边疆建设，重点抓好基础设施和对外开放等。③ 除上述这些顶层政策设计之外，中央政府也实施了一大批实践项目，如兴边富民、精准扶贫、集中连片地区扶贫开发、针对人口较少民族的扶持政策等，都极大地推动了民族地区

① 中国科学院可持续发展战略研究组编《2004中国可持续发展战略研究报告》，科学出版社，2004，第410—425页。

② 参见国家统计局网站相关数据，http://data.stats.gov.cn/easyquery.htm?cn=E0103，访问日期：2020年2月15日。

③《中央民族工作会议暨国务院第六次全国民族团结进步表彰大会在北京举行》。

的经济社会发展，推动了各民族共同繁荣发展的进程，为中华民族命运共同体建设打下了良好的经济物质基础。

三、各民族共有精神家园是中华民族命运共同体建设的文化基础

中华民族命运共同体建设为何要强调文化基础？这要从文化与民族的深度关联谈起，因为传统意义上的民族指的就是具有独特历史文化特征的人群共同体。只要我们强调某个群体是民族群体，那么就必须探寻这个群体背后共同历史文化基础的存在。尽管在民族—国家时代，民族已经被赋予越来越多的政治属性，但文化基础依旧是民族的根基与底蕴所在。对中华民族命运共同体性质的全面分析，一定不能遗漏其作为历史文化共同体的面相，这一特性为中华民族共同体的维持与延续提供了无穷无尽的内聚力。正是在这个意义上，习近平总书记指出，“文化是一个民族的魂魄，文化认同是民族团结的根脉”①。我们可以尝试比较一下“中国国民共同体”与“中华民族共同体”两个概念。在认定两者涵盖范围大致相近、意涵颇为类似的基础上，前者的优势在于其与国家关联因而群体边界极为清晰，而后者的优势就在于其对历史基础与文化内核的强调，更为契合共同体的基本意涵，因而成为这一领域的通用话语。从这个角度也可以解释历史文化基础对于中华民族共同体建设的重要意义。

中华民族命运共同体作为一个历史文化共同体，无论是其共同体意识的铸牢过程，还是其共同体实体的建设过程，都必须构筑与之相匹配的文化基础，而各民族共有精神家园就是中华民族命运共

① 习近平：《在全国民族团结进步表彰大会上的讲话》，第9页。

同体在精神文化层面的体现与支撑。那么，各民族共有精神家园为何能够成为中华民族命运共同体建设的文化基础呢？其一，各民族共有精神家园契合了中华民族命运共同体的历史文化属性。很多学者认为民族精神家园指的就是民族文化，或者说是本民族文化的集中体现。[①]中华民族共有精神家园是建立在中华文化的基础之上，且是中华文化的优秀精神文化的升华和重新建构。[②]中华民族共有精神家园的建设实质上就是文化建设，是对中华民族优秀文化传统、符合社会主义核心价值体系的文化的一种强化与升华，以期为全体中国人提供一种认同的力量和文化支撑。[③]其二，各民族共有精神家园最能体现和支撑中华民族命运共同体的共同性。中华民族命运共同体的"共"和"同"体现在哪里？铸牢中华民族共同体意识的客观基础何在？习近平总书记在第七次全国民族团结进步表彰大会上的讲话中总结了"四个共同"，这是截至目前对中华民族命运共同体最好的注脚。"我们辽阔的疆域是全国各族人民共同开拓的""我们悠久的历史是各民族共同书写的""我们灿烂的文明是各民族共同创造的""我们伟大的精神是各民族共同培育的"[④]，这"四个共同"的阐述恰好从历史、文化的层面揭示和论证了中华民族共同体的客观性。所谓中华民族共同体意识，就是全国各族人民在对历史文化共同性深度领会与认同的基础上所形成的现实利益共同体

①邵和平：《论炎黄文化与建设中华民族共有精神家园的关系》，《学习与实践》2008年第3期。

②周伟洲：《中华文化与中华民族共有精神家园的建设》，《民族研究》2008年第4期。

③郝亚明：《少数民族文化与中华民族共有精神家园建设》，《广西民族研究》2009年第1期。

④习近平：《在全国民族团结进步表彰大会上的讲话》，第4—6页。

和未来命运共同体的意识。正是此种建基于历史文化共同性基础上的现实与未来共同体感知，才使得铸牢中华民族共同体意识不至于成为空中楼阁。

各民族共有精神家园要成为中华民族命运共同体建设的文化基础，还必须具备两个条件。一个是各民族文化均对共有精神家园做出独特的贡献，因此建立起与中华民族共同体的文化关联；另一个是各民族实现了对自身文化的超越，从而形成并认同共同体的共有精神家园。在共有精神家园提出之初，使用的是“中华民族共有精神家园”的表述，之后逐渐转向使用“各民族共有精神家园”的表述。对比而言，这两种表述可谓各有胜场，前者的优势在于凸显了整个中华民族共有的性质，后者的优势在于凸显了各民族的主体性。值得注意的是，习近平总书记在第七次全国民族团结进步表彰大会讲话中同时使用了这两个提法。一方面，强调中华文化是各民族文化的集大成，对各民族的贡献予以详细列举；另一方面，又强调以社会主义核心价值观为引领来形成正确的祖国观、历史观、文化观、民族观，“树立和突出各民族共享的中华文化符号和中华民族形象”“全面加强国家通用语言文字教育”[①]，这些内容又具有超越各民族文化进而形成中华民族共同体精神文化基础的意涵。这两方面内容的结合，既强调了从各民族共有精神家园走向中华民族共有精神家园之意，也彰显了各民族共同参与、共同建构、共同拥有中华民族共有精神家园之意。

①习近平：《在全国民族团结进步表彰大会上的讲话》，第9—10页。

四、各民族交往交流交融是中华民族命运共同体建设的社会基础

马克思主义基本原理告诉我们，社会存在决定社会意识。由此亦可推出，只有群际交往互动才有可能催生跨群体的共同体意识。试想，在一个多民族社会中，如果没有各民族之间深入、全面、持续的交往交流交融，期望形成共同体意识无疑是镜花水月般的虚妄幻想。原因在于，在缺乏族际交往交流交融的多民族社会中，既不能形成支撑共同体意识的社会氛围，也不能形成支撑共同体意识的社会结构。从这个角度而言，各民族交往交流交融就是中华民族命运共同体建设的社会基础所在。

各民族交往交流交融是锻造民族团结的基本路径，可以为中华民族命运共同体建设提供相适应的社会氛围。历史经验告诉我们，平等、团结、互助、和谐的社会主义民族关系在中国的确立，就是各民族之间长期社会交往、文化交流、结构交融的结果。一旦各民族之间交往交流交融的势头不能得到维持，这种良好的民族关系和民族团结局面就有可能发生转向。群际接触相关理论指出，民族关系的紧张和恶化，很多时候并非来自直接的利益冲突乃至观念的对立，而是因为偏见、歧视、刻板印象等社会心理因素的存在。而这些对其他民族错误认知的形成及负面交往情绪的产生，很大程度上是因为族际交往互动的不足导致对彼此的信息了解错误或了解不足。心理学家布拉姆菲尔德（T. Bramfield）就此指出："如果来自不同种族和文化的人们能够自由而真诚地交往，那些紧张与困难、偏见与困惑都会消失；如果人们不能彼此交往而是相互隔离，那么偏见和冲突就会像疾病一样疯狂生长。"① 很多理论与实证研究证明，

---

① T. Bramfield, *Minority Problems in the Public Schools* (New York: Harper & Brothers, 1946), p.245.

民族之间交往交流交融的充分开展，可以增进不同民族彼此间的深度了解、缓解异文化接触的紧张焦虑、催生族际相互理解的共情能力。① 民族交往交流交融表述的就是从民族之间的交往接触到民族之间的理解接受再到民族之间的团结互信的过程，从而为铸牢中华民族共同体意识提供了关键性的支撑。

各民族交往交流交融致力于推动建立“互嵌社会”，可以为中华民族命运共同体建设提供相匹配的社会结构。在社会结构与共同体意识的相互作用方面，西方国家有过惨痛的经验教训。由于历史遗留因素以及全球化背景下的人口流动，一些传统意义上民族结构较为简单的西方国家出现了种族、民族、宗教、文化构成日益多元的情形。偏见、歧视、区隔的客观存在，再加之公共政策干预的不足，部分国家在衣食住行等社会生活场景中逐步形成族际隔离现象，此种现象甚至还向教育场所、工作场所蔓延。西方学者创造出“平行社会”这个概念，用来描述这种多民族社会里不同种族、民族、宗教信仰、文化背景的群体之间互不交往的情形。② 长此以往，少数群体对主流社会的疏离感日益强化，不同社会群体之间陌生且排斥，各种妖魔化、刻板化的印象日益固化，不仅不可能形成所谓的共同体意识，而且还会导致群体冲突乃至社会分裂。从美国不同种族尤其是黑人与白人之间的居住隔离与种族对抗，到欧洲一些城市郊区移民难民聚居区所爆发出来的骚乱行动，都是此类社会结构的恶果。③ 平行社会作为各民族交往交流交融不畅的客观后果，其

---

①郝亚明：《西方群际接触理论研究及启示》，《民族研究》2015 年第 3 期。

②C. Mueller, “Integrating Turkish Communities: A German Dilemma,” *Population Research and Policy Review* 25, No.5 (2006).

③郝亚明：《城市与移民：西方族际居住隔离研究述论》，《民族研究》2012 年第 6 期。

一旦形成之后，又会从主观动机和客观条件两个方面强力阻碍族际交往交流交融的顺利进行。正是认识到这种社会形态对共同体意识的撕裂性影响，党中央提出了“推动建立各民族相互嵌入式的社会结构和社区环境”的倡议，要求建立一种与之相对立的“互嵌社会”。所谓民族互嵌型社会结构，就是不同民族之间通过稳定而持久的交往交流交融过程，形成一个结构相连、利益相关、情感相通的共同体的社会形态，进而为中华民族命运共同体建设提供结构支撑。

新时代民族工作面临着新形势，必须结合新形势来理解各民族交往交流交融在中华民族命运共同体建设中的意义。市场化与城市化依然是我们理解当前党的民族工作的大背景，这一点在习近平总书记对“五个并存”阶段性特征的总结中有明晰的体现。在此进程中，民族地区与非民族地区呈现人口双向流动态势，全国各族人民日益从“背靠背”走向“面对面”，“大流动、大融居”的新特征基本形成。如果不能在此种新旧格局转换之时充分推动民族交往交流交融，就极易形成涉及民族因素矛盾纠纷上升的局面，进而有损平等、团结、互助、和谐的社会主义民族关系。此外，我们还应该注意到，中华民族命运共同体并非一个超然的实体，它植根于社会生活和社会结构之中。中华民族命运共同体建设是一个动态、发展的过程，即便共同体已经形成，它依然需要各族人民在日常生活过程中不断去维护、去修葺，而且这种维护与修葺的过程并不能依靠其他强制力量，更需要依靠在日常社会生活过程中不断通过民族之间的交往交流交融去完成。这也是一个绵绵用力、久久为功的过程。

五、依法治理民族事务是中华民族命运共同体建设的法律基础

中国作为多民族国家，依法治理民族事务是全面依法治国的重要环节。党的十八大以来，在推进全面依法治国的浪潮中，党和政府发布的民族工作政策文件中的一个突出特点就是不断强调法治的引领与规范作用。2014 年 5 月，第二次中央新疆工作座谈会提出“依法治疆”。2014 年 9 月，中央民族工作会议提出“把宪法和民族区域自治法的规定落实好”“用法律来保障民族团结，增强各族群众法律意识”“注重保障各民族合法权益”“引导流入城市的少数民族群众自觉遵守国家法律和城市管理规定”“把推进民族事务治理法治化做深做实”[①]。2014 年 12 月，中共中央、国务院印发《关于加强和改进新形势下民族工作的意见》，提出要“提高依法管理民族事务能力”。2015 年 8 月，中央第六次西藏工作座谈会提出“依法治藏”。2017 年初，中共中央、国务院办公厅印发了《关于依法治理民族事务促进民族团结的意见》，要求在民族工作领域更好地运用法治思维和法治方式治理民族事务。这一系列政策文件的出台，既体现了党中央贯彻依法治理民族事务的决心，同时也为依法治理民族事务的实践工作提供了政策基础。

中华民族共同体具有法律共同体的属性[②]，依法治理民族事务是这一属性的内在要求。之所以说中华民族共同体是法律共同体，一定程度上是因为中华民族共同体的边界是由法律来确定的，“中华民族共同体的成员，一般都拥有与中华人民共和国国家主权或者国

①《中央民族工作会议暨国务院第六次全国民族团结进步表彰大会在北京举行》。

②许章润：《论现代民族国家是一个法律共同体》，《政法论坛》2008 年第 3 期。

籍关联在一起的国民公民身份”[①]。中华民族命运共同体涵盖的对象是全体中华人民共和国公民，而公民就是一个法律概念。任何公民享有宪法和法律规定的权利，同时必须履行宪法和法律规定的义务。中华民族共同体的成员除了各自的民族身份之外，还有着共同的公民身份。依照公民身份所应遵循的法律体系来处理民族事务，可以确保多民族国家中各民族公民既能保护其合法权益，也能防止各种有损共同体利益行为的发生。此外，法律的实践过程本身也具有凝聚共同体的意义。法律是国家权威和国家意志的象征，一国公民受同一法律保护且受同一法律规制的过程也是全体公民共同体意识的塑造与维系过程。法治强调凝聚共识并以法律这一国家意志的形式载明这种共识，塑造、维系与巩固共同体成员对于其共同体成员身份的信仰与自豪感，从而以法律共同体的形式，实现政治共同体的整合与凝聚。[②]

依法治理民族事务是民族平等的根本体现，从而为中华民族共同体建设奠定理念基础。对于一个共同体而言，其核心基础在于成员之间的平等，只有在此种平等基础上才能生成共同体意识。正是由于中国将民族平等视作多民族国家的立国之基，我们才要构建中华民族共同体；也正是由于中国将民族平等视作多民族国家的立国之基，我们才能构建中华民族共同体。依法治理民族事务的精髓在于“各民族在法律面前一律平等，各族公民在法律面前人人平等”，因此习近平总书记才在讲话中强调“要坚持一视同仁、一断于法，依法妥善处理涉民族因素的案事件，保证各族公民平等享有权利、

① 王延中：《铸牢中华民族共同体意识 建设中华民族共同体》，《民族研究》2018 年第 1 期。

② 常安：《习近平中华民族共同体建设思想研究》，《马克思主义研究》2018 年第 1 期。

平等履行义务，确保民族事务治理在法治轨道上运行”①。然而，不容否认的是，一些地区一度在涉及民族问题因素的法律问题上采取回避、退让乃至特殊化的处理方式。②这不仅直接损害了作为国家权威象征的法律的尊严，更为有害的是间接冲击了民族平等、共同体成员平等的价值理念，从而在实质上阻碍了铸牢中华民族共同体意识的进程。从这个意义上来说，依法治理民族事务的司法实践活动将是中华民族共同体建设的推动力量之一。

依法治理民族事务是民族团结的重要保障。民族团结既是中华民族共同体建设的基础，也是中华民族共同体建设的目标。然而，用人治的方式来处理民族问题，可以保得一时的民族团结，却保不了一世的民族团结。要让民族关系安定有序、民族团结持续巩固，就必须依靠法律的手段。第一，用法律来保护各民族的合法权益。无论是作为个体聚合而成的民族群体，还是作为具有民族身份的公民个体，由宪法和其他法律载明的各项政治权利、公民权利、经济社会文化权利都应当且必须得到平等切实有效的保护。第二，用法律来公平处理涉及民族因素的案件事件。“要坚持严格执法、公正司法，是什么问题就按什么问题处理，依法妥善处理涉及民族因素的问题。”③第三，用法律手段严厉打击以“三股势力”为首的严重损害中华民族共同体利益的犯罪活动。例如各种渗透颠覆破坏活动、暴力恐怖活动、民族分裂活动、宗教极端活动等，严防此类犯罪活动分裂国家、制造动乱，破坏民族团结的大局。

---

①习近平：《在全国民族团结进步表彰大会上的讲话》，第 11 页。

②国家民族事务委员会编《中央民族工作会议精神学习辅导读本》，第 123 页。

③同上书，第 125 页。

中华民族共同体意识研究的热点分析与路径演化

——基于 CiteSpace 的知识图谱分析[①]

自 2014 年第二次中央新疆工作座谈会首次提出“牢固树立中华民族共同体意识”以来，这一方针已成为我国开展民族工作、推动民族团结进步事业高质量发展的指导性原则。2017 年党的十九大报告明确强调要“铸牢中华民族共同体意识”，赋予民族工作新的内涵和重大历史使命，随后“铸牢中华民族共同体意识”被写入新修订的党章。作为习近平新时代中国特色社会主义思想在民族工作领域的具体体现，该思想对于我国推进各民族共同团结奋斗、实现共同繁荣发展具有重要的指导意义。一方面，铸牢中华民族共同体意识是推动各民族交往交流交融的精神内核，也是加速实现中华民族伟大复兴的精神之源。中华民族的多元一体格局是我国几千年民族关系发展的总结，是我国各民族经历了几千年的相互交往、征战和融合，才逐步发展成的统一政治实体，也正是因为各民族间强大

① 本文原发表于《中南民族大学学报》（人文社会科学版）2021 年第 2 期。第二作者秦玉莹系南开大学周恩来政府管理学院博士研究生。

的凝聚力，中华民族才能够渡过诸多困难的危机时期，迎来现代化发展的新形势。[①] 另一方面，铸牢中华民族共同体意识也是新时代处理好民族关系、做好民族工作的主线。铸牢中华民族共同体意识的实质是一种包容和长期的过程，这需要我们努力实现民族问题的治理体系和治理能力现代化，发展平等团结互助和谐的社会主义新型民族关系。[②] 综上，中华民族共同体意识实为我国各民族间强大凝聚力的历史缩影与粘合剂，铸牢中华民族共同体意识是历史与时代的选择。

当前围绕“铸牢中华民族共同体意识”这一思想，社会各界给予了广泛关注，理论界也对此开展了一系列的探讨和研究。学者们分别从民族学、政治学、人类学、教育学、历史学等多个学科视角切入，研究内容聚焦于中华民族共同体意识的形成轨迹、学理阐释、价值意蕴与实践路径等方面，随着研究视角和主题内容的不断深入，对中华民族共同体意识的相关研究已形成多学科交叉融合、互学互鉴的知识领域。

在对既有文献梳理的基础上，进一步探清中华民族共同体意识在不同时间区段上的研究主题、研究重点及未来研究趋势，可为“铸牢中华民族共同体意识”提供有益的理论参考。为切实把握中华民族共同体意识的研究现状与热点趋势，提高研究的科学性，本文拟借助科学知识图谱分析软件 CiteSpace 来深度挖掘与中华民族共同体意识相关的研究文献，通过绘制知识图谱，探寻关于中华民族共同体意识研究的发展轨迹与研究热点，以期为铸牢中华民族共

---

① 马戎：《中华民族凝聚力的形成与发展》，《西北民族研究》1999 年第 2 期。

② 高永久：《正确认识铸牢中华民族共同体意识中的几个重要关系》，《广西民族大学学报》（哲学社会科学版）2019 年第 6 期。

同体意识提供理论借鉴。

一、研究数据与方法

（一）数据来源

本研究数据来源于 CNKI 中国知网数据库，检索条件是将主题、篇名或者关键词设置为“中华民族共同体意识”，来源期刊限定为 CSSCI 期刊（含扩展版），期刊年限设定为 2010 年 1 月至 2020 年 7 月进行高级搜索，搜索结果得到 388 篇，经由手动剔除一些会议报道、征稿启事、目录等数据后，最终留下有效样本文献 216 篇。

（二）研究方法

本研究使用的 CiteSpace 文献挖掘可视化工具，可以通过绘制知识图谱，呈现一个研究领域的演进历程，并将图谱上作为知识基础的引文节点文献和共引聚类所表征的研究前沿自动标识出来，[①]该软件是总结研究领域发展规律，挖掘经典基础文献并探索研究演化路径、热点主题与知识边界的有效文献计量工具[②]。本研究可通过 CiteSpace 绘制出研究者合作网络、研究机构合作网络，进而剖析出权威作者与机构的合作关系及其代表性观点。与此同时，还可通过绘制关键词共现网络、聚类图、关键词时区图与突现词图来客观、形象地描述当前的研究热点及发展趋势。

---

① 陈悦、陈超美、刘则渊等：《CiteSpace 知识图谱的方法论功能》，《科学学研究》2015 年第 2 期。

② 陈悦、陈超美、胡志刚、王贤文等：《引文空间分析原理与应用 CiteSpace 实用指南》，科学出版社，2014，第 11 页。

二、研究趋势基本特征

（一）文献发表数量分析

通过 CNKI 中国知网数据库检索相关文献进行计量可视化分析，得到中华民族共同体意识研究的年度发文情况（如图 1 所示）。统计显示，有关中华民族共同体意识的论述最早出现在 2011 年石培玲发表的《抗战时期的现代国家观与新民主主义国家的思想基础》一文中，该文分析了中华民族共同体意识孕育形成的理论渊源[①]。自 2014 年习近平总书记在第二次中央新疆工作座谈会上首次提出要“牢固树立中华民族共同体意识”以来，理论界开始着重对培育中华民族共同体意识、增强民族团结等进行相关研究，其后两年年均发文量出现明显增长，达到每年 10 余篇。2017 年党的十九大报告提出“铸牢中华民族共同体意识”，受到学术界的高度关注，相关研究大量涌现，文献数量明显跃升，2020 年仅截止到 7 月，发文量就达到 90 篇。

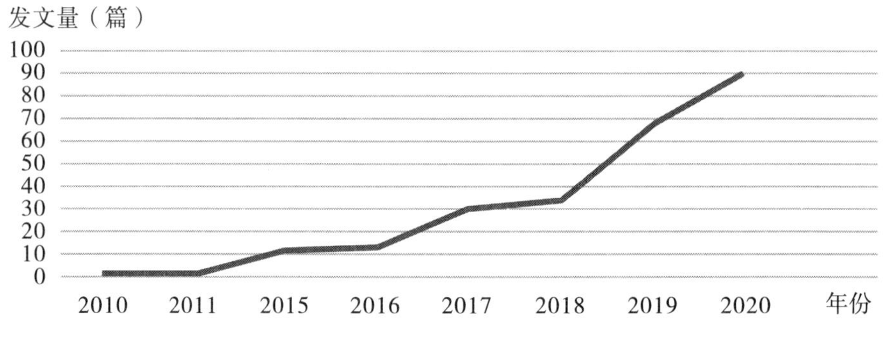

图 1　2010—2020 年中华民族共同体意识研究文献年度发文情况

① 石培玲：《抗战时期的现代国家观与新民主主义国家的思想基础》，《贵州民族研究》2011 年第 3 期。

（二）高产出作者及合作分析

核心作者是指在特定研究领域中造诣较深，获得科研成果相对较多，学术思想与观点较为新颖，同时在大多数学科发展中起到引领作用的学者。[①]因此，识别中华民族共同体意识研究的高产出作者，有利于把握相关主流观点，揭示学者们的学科构成，有利于拓宽研究领域的深度和广度。通过对相关作者进行分析后发现，以中华民族共同体意识研究为主题，于2010—2020年间发文量3篇以上的学者共有9位（如表1所示），排在前3位的学者分别是张淑娟、青觉和李赞。其中张淑娟共发8篇文章，被引频次最高的论文为《论中华民族共同体意识对近代中国民族主义的形塑与修正——以中国共产党为例》，该文主要探讨了中国共产党如何根据政治实践需要，激发中华民族共同体意识对民族主义进行修正[②]。发文量排在第2位的青觉，其代表文献为《中华民族共同体意识：概念内涵、要素分析与实践逻辑》，该文通过解读中华民族共同体意识的内涵，进而从构成要素的维度审视中华民族共同体意识的内容与实践逻辑[③]。从学者的学科构成看，仍集中在民族理论、民族政策等学科领域之中，未来对中华民族共同体意识的多学科探究，还有待加强。

---

①邱均平、李威：《知识转移领域作者合作模式实证分析》，《情报理论与实践》2012年第3期。

②张淑娟：《论中华民族共同体意识对近代中国民族主义的形塑与修正——以中国共产党为例》，《广西民族研究》2018年第3期。

③青觉、徐欣顺：《中华民族共同体意识：概念内涵、要素分析与实践逻辑》，《民族研究》2018年第6期。

表 1　2010—2020 年发文量 3 篇以上作者

序号	作者	发文量	学科方向	作者单位
1	张淑娟	8	民族理论与民族政策	中国矿业大学
2	青觉	6	民族理论与民族政策	中央民族大学
3	李赟	6	马克思主义民族理论	北京政法职业学院
4	郝亚明	5	民族社会学	南开大学
5	严庆	4	民族理论与民族政策	中央民族大学
6	王延中	4	民族理论、劳动社会保障、区域发展	中国社会科学院
7	平维彬	4	民族理论与政策	中国社会科学院
8	纳日碧力戈	4	族群理论、语言人类学	复旦大学
9	金炳镐	3	民族理论与民族政策	中央民族大学

对作者进行合作网络分析，节点间的连线代表作者间存在合作关系。由图 2 可以看出，学者合作密度整体较小，合作关系并不明显，且合作多发生在相同学术机构内部，尤其是师生之间合作较为频繁。在未来研究中应加强不同机构、不同学科之间的联系。

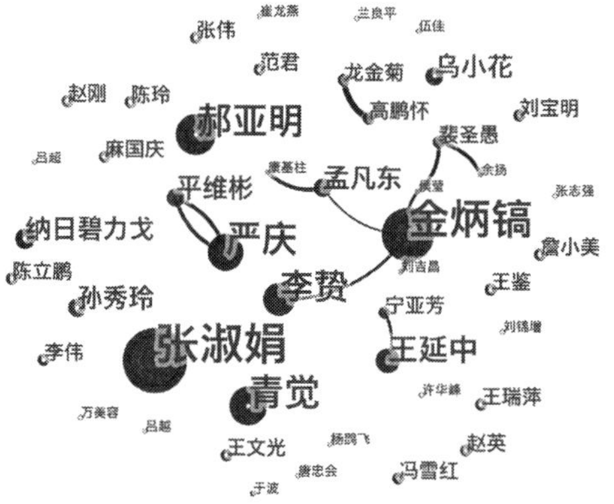

图 2　2010—2020 年中华民族共同体意识研究者合作网络

（三）研究机构合作分析

通过研究机构的合作分析网络图，可从图中节点大小与节点间的连线看出该领域的主要研究力量与各研究机构间的合作关系。由图 3 可以看出，中央民族大学中国民族理论与民族政策研究院[①]在此方面表现比较突出，与之合作的研究机构有南开大学、中央民族大学马克思主义学院、北京政法职业学院等。中国人民大学和新疆师范大学之间、中南民族大学和北方民族大学之间有过偶然性的合作。总体而言，研究机构间的合作主要是以中央民族大学为核心展开的校际合作，合作对象多是民族类院校，存在一定程度的跨省合作。此外，合作较多的就是各研究机构内部学院之间的小范围合作。大多数研究机构并未开展对外合作，主要以独立研究为主。

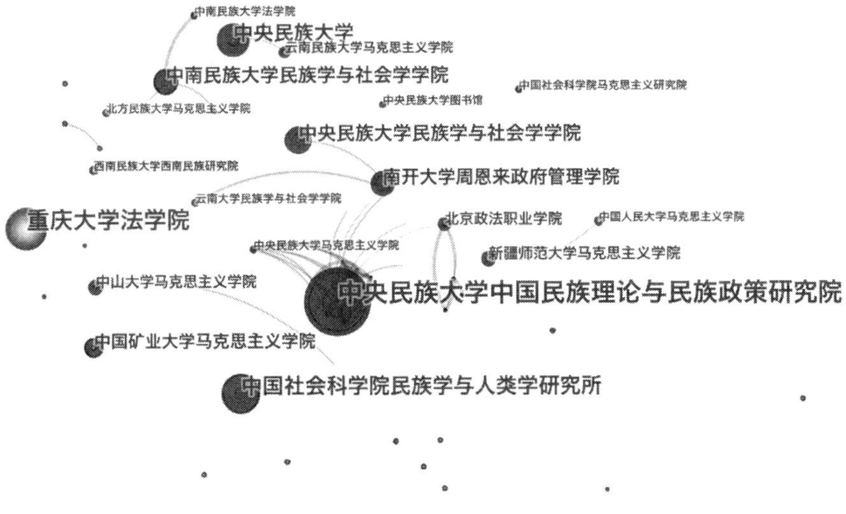

图 3 2010—2020 年中华民族共同体意识研究机构合作网络

① 中央民族大学中国民族理论与民族政策研究院现已并入中央民族大学民族学与社会学学院。由于机构调整的原因以及作者自身发文单位署名的偏好，故图 3 中同时存在中央民族大学民族学与社会学学院、中央民族大学中国民族理论与民族政策研究院两个单位，特此说明。

表2统计了2010年1月至2020年7月以“中华民族共同体意识”为主题，发文量排名前10名的研究机构。从发文数量上看，发文量最多的是中央民族大学（53篇），其次是中国社会科学院（26篇）。发文量较多的还有中南民族大学、南开大学、兰州大学和中国人民大学等高校。从研究机构所处区域来看，地处京津地区的高校和科研机构是中华民族共同体意识研究的中坚力量。尤其是中央民族大学和中国社会科学院作为国家首批“铸牢中华民族共同体意识研究基地”，集中力量深入开展了中华民族共同体意识研究，研究成果丰厚，在该领域的研究上有较强的科研实力。从科研成果来看，这些基地的设立是实至名归的。

表2　2010—2020年发文量前10名的研究机构

序号	研究机构	发文数量	序号	研究机构	发文数量
1	中央民族大学	53	6	中国人民大学	6
2	中国社会科学院	26	7	广西民族大学	6
3	中南民族大学	19	8	中国矿业大学	6
4	南开大学	10	9	云南大学	4
5	兰州大学	7	10	云南民族大学	4

三、研究热点分析

关键词是对研究主题与内容的高度凝练。在关键词共现网络图中，可通过观察关键词节点大小找出高频关键词，即找出研究领域的热点问题。而关键词的重要程度通常由中介中心性表示，中介中心性越大，该关键词就越重要，一般中介中心性大于等于0.1时，该关键词就为高中介中心性关键词。

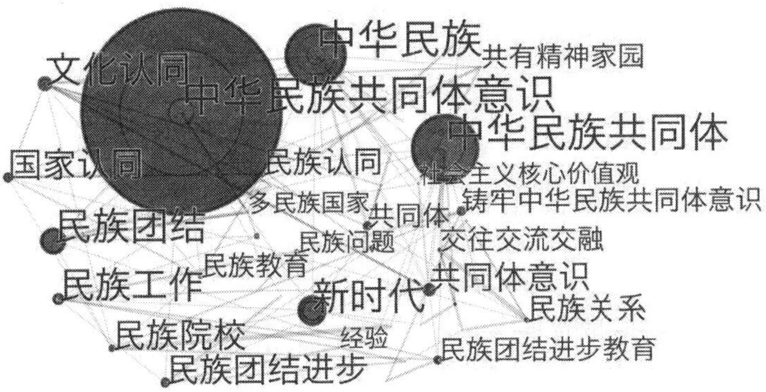

图 4　2010—2020 年中华民族共同体意识研究关键词共现图谱

图 4 显示了中华民族共同体意识研究的关键词共现图谱。出现频次前 10 的关键词为中华民族共同体意识、中华民族共同体、中华民族、民族团结、共同体意识、国家认同、文化认同、民族工作等（如表 3 所示），这些关键词代表了学者们过去几年关于中华民族共同体意识的研究热点。同时，也可从表 3 中看出，这些高频关键词的中介中心性都比较高，当前研究热点主要集中在中华民族共同体意识、中华民族共同体、民族交往交流交融等方面。

表 3　2010—2020 年中华民族共同体意识研究高频关键词统计

序号	频次	中心性	关键词	序号	频次	中心性	关键词
1	184	0.50	中华民族共同体意识	6	17	0.13	国家认同
2	68	0.36	中华民族共同体	7	15	0.12	文化认同
3	57	0.19	中华民族	8	13	0.11	民族工作
4	28	0.14	民族团结	9	13	0.10	民族关系
5	22	0.12	共同体意识	10	11	0.10	民族政策

在关键词共现分析基础上，进行关键词聚类分析，生成关键词聚类图谱（如图 5 所示），并得到 7 组聚类标签。从图中可以看出围绕中华民族共同体意识的相关研究主要是以中华民族共同体意识、

民族国家、中华民族共同体为核心的一些研究。通过整理相关文献、归纳学者们的观点，总结出研究主要关涉的几个方面。

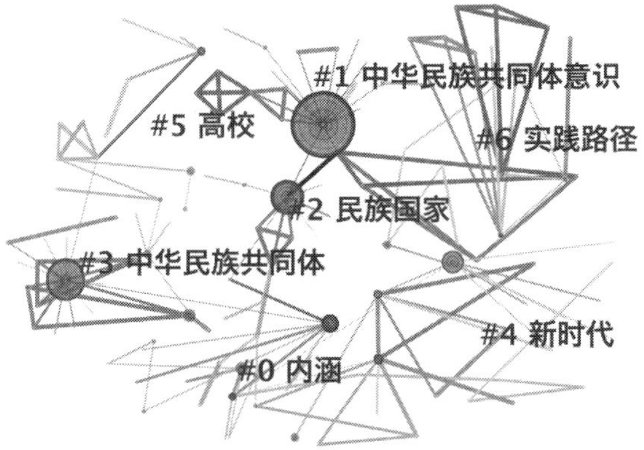

图 5 2010—2020 年中华民族共同体意识研究关键词聚类图谱

（一）中华民族共同体意识的理论渊源

中华民族共同体意识的提出，具有深刻的历史背景和多重时代动因。探清中华民族共同体意识的形成，离不开对“中华民族”这一关键概念的解读，追溯“中华民族”的内涵与形成，必然会梳理“民族”在“民族交往交流交融”中形成“多元一体”到“中华民族共同体”的过程。因此，该部分的研究多涉及“中华民族共同体”“中华文化认同”“多元一体格局”等关键词。关于中华民族共同体意识的理论渊源，多数学者均认为中华民族共同体意识是在历史发展中形成的。有学者认为中华民族共同体意识是由各族人民的中国认知体验、中国价值信念和中国行为意愿三个要素形成的，即在特定的内外部环境作用下，中华民族共同体这一客观事物的信息输入人脑，并通过人脑的机能转换后形成的共鸣性情感。① 也有学

①青觉、赵超：《中华民族共同体意识的形成机理、功能与嬗变——一个系统论的分析框架》，《民族教育研究》2018 年第 4 期。

者认为，近代中华民族共同体意识的形成源自近代鸦片战争后，面对外来侵略，中华民族开始从自在的民族发展为自觉的民族，中华民族共同体意识正式成为中华各民族的集体意识。① 此外，也有一些学者提出，“大一统”的文化思想、传统的儒家族类观、近代以来西方民族主义以及马克思主义民族理论是其产生的理论渊源。②③ 由此可见，学者们关于中华民族共同体意识理论渊源的探讨，多是从历史文化脉络、经典民族理论框架等维度切入，系统剖析了该思想产生的必然性。

（二）中华民族共同体意识的内涵界定

关于中华民族共同体意识的内涵，学界尚未形成统一的界定。对于该问题的探讨，学者们主要围绕其本质属性、要素构成与理论体系进行了多方面的论述，相关研究主要涉及“国家认同”“民族认同”“中华文化认同”等关键词。大部分学者从认同视角出发，认为中华民族共同体意识的本质是群体认同意识④，是各民族成员对共有身份——“中华民族”的认同，总体而言是国家认同的一种表现形式⑤。还有学者提出中国特色社会主义文化在意义拾取、价值

① 严庆、平维彬：《“大一统”与中华民族共同体意识的形成》，《西南民族大学学报》（人文社会科学版）2018 年第 5 期。

② 平维彬、严庆：《从文化族类观到国家民族观的嬗变——兼论“中华民族共同体意识”的理论来源》，《贵州民族研究》2017 年第 4 期。

③ 闫丽娟、李智勇：《“中华民族共同体意识”的理论渊源探析》，《广西民族研究》2018 年第 4 期。

④ 郝亚明：《社会认同视域下的中华民族共同体意识探析》，《西北民族研究》2020 年第 1 期。

⑤ 虎有泽、云中：《国家认同视域下中华民族共同体意识》，《贵州民族研究》2018 年第 11 期。

诠释、生成建构等向度是铸牢中华民族共同体意识的灵魂。[①] 随着中华民族共同体意识在不同的政策文件中被不断提及，研究范围也在不断扩展，部分学者对中华民族共同体意识的理论体系构成进行研究，认为中华民族共同体意识的理论体系是由实体认知、价值认知和路径认知三部分构成[②]；也有学者指出，中华民族共同体的意识活动不仅是外部世界的投影，还是与社会发展和历史文化紧密联系的中华民族主观能动性、历史创造自觉性和改变世界的实践精神的合力构成；[③] 还有学者指出，在新时代背景下，需要不同学科为铸牢中华民族共同体意识提供学理性支撑。[④] 学者们对于中华民族共同体意识内涵的多角度解读，深化了我们对中华民族共同体意识的认知，同时也揭示出中华民族整体性和命运相连一体性的特征。

（三）中华民族共同体意识的价值意蕴

随着研究的不断深入，诸多学者围绕铸牢中华民族共同体意识对于优化新时代民族工作、推动中华民族伟大复兴和构建人类命运共同体等价值意蕴展开讨论。当前我国经济社会发展正处于新时代，社会主要矛盾已经转化为人民日益增长的美好生活需要和不平衡不充分的发展之间的矛盾。这一新的矛盾中也蕴含着各民族发展所展现的新特点和新要求。中华民族是由多民族构成的，基于我国特殊国情，民族政策既需要尊重各民族的“多元性”，同时又要注

① 于波、王员：《中国特色社会主义文化：“铸牢中华民族共同体意识”的灵魂》，《河海大学学报》（哲学社会科学版）2019 年第 1 期。

② 于衍学：《基于三个认知维度的中华民族共同体意识理论体系建构》，《西南民族大学学报》（人文社会科学版）2019 年第 12 期。

③ 马进：《“思”的框架里的中华民族共同体意识》，《甘肃社会科学》2020 年第 4 期。

④ 麻国庆：《民族研究的新时代与铸牢中华民族共同体意识》，《中央民族大学学报》（哲学社会科学版）2017 年第 6 期。

重加强统一民族的“一体性”。因此，多数学者认为铸牢中华民族共同体意识是新时代民族工作的主旨内涵和实践指向。① 以中华民族命运共同体构建与中华民族命运共同体意识培育为概念议题是新时代民族事务治理的主题与方向。② 关于中华民族共同体意识的重要实践价值，有学者阐释了“铸牢中华民族共同体意识”对维护国家统一、做好民族工作、决胜全面小康的重要意义 ③。有学者指出，建构中华民族共同体认同是整合民族认同和国家认同的逻辑前提。④ 铸牢中华民族共同体意识可以为民族交往交流交融提供功能目标、理论支撑与实践指引。⑤ 也有学者认为中华民族共同体意识是中华民族“多元一体”的内聚力，铸牢中华民族共同体意识是凝聚民族力量，实现中华民族伟大复兴中国梦的必然要求。⑥ 此外，还有学者提出为保证边疆地区的稳定发展，除了物质基础与制度保障外，更需要中华民族共同体意识的深层精神支持。⑦

（四）铸牢中华民族共同体意识的路径选择

在铸牢中华民族共同体意识的实践路径方面，不同学者分别

---

①杨玢：《铸牢中华民族共同体意识的时代论域》，《青海社会科学》2019 年第 5 期。

②周光俊、郭永园：《中华民族命运共同体与新时代的中国民族事务治理：历史方位、理论方法与概念议题》，《社会主义研究》2020 年第 1 期。

③王延中：《铸牢中华民族共同体意识 建设中华民族共同体》，《民族研究》2018 年第 1 期。

④杨鹍飞：《中华民族共同体认同的理论与实践》，《新疆师范大学学报》（哲学社会科学版）2016 年第 1 期。

⑤郝亚明：《中华民族共同体意识视角下的民族交往交流交融研究》，《西南民族大学学报》（人文社会科学版）2019 年第 3 期。

⑥邓磊、罗欣：《习近平铸牢中华民族共同体意识理路探析》，《社会主义研究》2018 年第 6 期。

⑦青觉、徐欣顺：《新时代边疆稳定发展的情感政治学研究——边疆地区铸牢中华民族共同体意识的情感路径分析》，《中国边疆史地研究》2019 年第 1 期。

从政治、经济、文化、社会、法律等视角提出对策建议。在政治层面，有学者从国家建构视域的角度提出，铸牢中华民族共同体意识需要坚持中国共产党的领导，加强中华民族共同体“本体”建设，坚持走中国特色解决民族问题的正确道路。① 在经济层面，有学者基于少数民族聚居区的经济发展实践成效，总结出中国特色少数民族经济发展的本土经验，并且揭示出民族经济发展与铸牢中华民族共同体意识的内在关系。② 从强化教育角度出发，较多学者认为中华民族共同体意识培育的实质是“民族建设”的思想和精神层面③，因此，需要将中华民族共同体意识融入高校思想政治工作④，铸牢各民族学生的中华民族共同体意识⑤，坚定各民族学生的中国特色社会主义共同理想⑥，构建国家认同的文化纽带⑦⑧。同时，也有一些学者基于各民族地区的实际情况，总结了民俗文化对于铸牢中华民族共

① 王宗礼：《国家建构视域下铸牢中华民族共同体意识研究》，《西北师大学报》（社会科学版）2020 第 5 期。

② 黄基鑫、李曦辉：《中国特色少数民族经济发展的本土经验研究》，《北方民族大学学报》2020 第 3 期。

③ 张淑娟：《新中国 70 年中华民族共同体意识培育回溯》，《学术界》2019 年第 9 期。

④ 詹小美、李征：《民族观教育与铸牢中华民族共同体意识》，《思想理论教育》2019 年第 1 期。

⑤ 孙琳：《铸牢少数民族大学生的中华民族共同体意识探究——以群际接触作为一种理论视角与实践策略》，《西南民族大学学报》（人文社会科学版）2020 年第 5 期。

⑥ 巴玉玺：《新时代民族院校思想政治教育的特殊使命与实践创新》，《中南民族大学学报》（人文社会科学版）2019 年第 3 期。

⑦ 刘玉：《西藏高校思政课铸牢大学生中华民族共同体意识教育探析——以〈马克思主义“五观”教育概论〉为例》，《西藏大学学报》（社会科学版）2020 年第 2 期。

⑧ 沈桂萍：《培育中华民族共同体意识　构建国家认同的文化纽带》，《西北民族大学学报》（哲学社会科学版）2015 年第 3 期。

同体意识的有益经验①②。此外，部分学者从社会发展与治理角度出发，指出我国边疆民族地区的特殊性，特别是边境地区应被视为铸牢中华民族共同体意识的重要的一环。③边疆地区在铸牢中华民族共同体意识的路径上要坚持维护国家统一和民族团结，打牢均衡发展的物质基础。④在民族政策与工作上，要致力于维护中华民族的命运共同体意识、经济共同体意识、政治共同体意识和文化共同体意识。⑤在法律构建层面，也有学者提出新时代我国民族法治建设需要围绕民族工作的基本主题，进一步提高政治站位，服务于铸牢中华民族共同体意识。⑥

四、研究前沿分析

在关键词共现的基础上，绘制关键词时区图（如图 6 所示）与突现词分析图（如图 7 所示）。从关键词时区图中可看出不同时间段的研究主题，在突现词分析图中线条深色部分代表不同时间段的研究重点，即新的研究动态方向。通过突现词分析可看出，2010 年至 2014 年的研究前沿为民族复兴、国家民族、国家统一、文化民族等。自 2015 年开始，共同体意识、中华文化认同、中华民族共

---

①田敏、陈文元：《论民族关键符号与铸牢中华民族共同体意识——以南宁市三月三民歌节为例》，《云南民族大学学报》（哲学社会科学版）2019 年第 1 期。

②乌小花、郝囡：《践行守望相助理念与铸牢中华民族共同体意识——论内蒙古民族团结进步的理论与实践》，《民族研究》2019 年第 5 期。

③罗惠翾：《边境地区铸牢中华民族共同体意识的几个关键问题》，《西北民族研究》2020 年第 2 期。

④徐俊六：《铸牢中华民族共同体意识与边疆民族地区社会治理关系研究》，《宁夏社会科学》2018 年第 6 期。

⑤赵刚：《民族政策与中华民族共同体意识的建构》，《学术界》2017 年第 2 期。

⑥潘红祥、张星：《中国民族法治七十年：成就、经验与展望》，《民族研究》2019 年第 3 期。

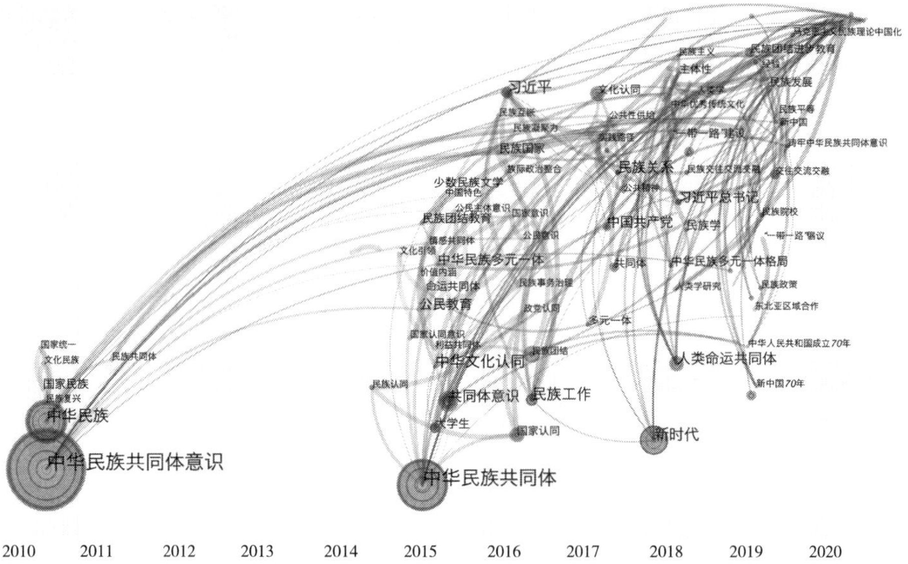

图 6　2010—2020 年中华民族共同体意识研究关键词时区图

Top 8 Keywords with the Strongest Citation Bursts

Keywords	Year	Strength	Begin	End	2010—2020
民族复兴	2010	3.2433	**2010**	2016	
国家民族	2010	4.0341	**2010**	2017	
国家统一	2010	3.7149	**2010**	2016	
文化民族	2010	4.06	**2010**	2016	
共同体意识	2010	2.1975	**2015**	2018	
中华文化认同	2010	2.2756	**2015**	2016	
中华民族共同体	2010	2.7526	**2017**	2017	
民族团结进步	2010	2.1421	**2019**	2020	

图 7　2010—2020 年中华民族共同体意识研究的突现词分析图

同体、民族团结进步成为新的研究前沿问题。综合关键词时区图，可将中华民族共同体意识研究划分为三个阶段。

1. 2010 年到 2013 年为中华民族共同体意识研究的起始探索阶段。学界对中华民族共同体意识的研究不是很多，早期相关研究主要集中在梳理中华民族共同体意识的历史渊源与文化根基方面。

2. 2014 年到 2016 年为中华民族共同体意识研究的初步扩展阶段。2014 年，习近平总书记在中央民族工作会议中指出“加强中华民族大团结，长远和根本的是增强文化认同，建设各民族共有精神家园，积极培养中华民族共同体意识”。2015 年，在中央第六次西藏工作座谈会上，习近平总书记再次指出“要大力培育中华民族共同体意识”。这些重要论断为学界研究指明了方向，这一阶段出现的关键词主要有“共同体意识”“中华民族共同体”“中华文化认同”“民族互嵌”。学者们除了对中华民族共同体意识进行学理性阐释、内涵解读之外，还开始积极探索构建中华民族共同体意识的实践路径，且更加关注中华民族共同体意识在稳固边疆地区、国家治理、民族工作、公民教育中的理论价值与实际应用，并且结合民族互嵌社区的实际困境揭示出铸牢中华民族共同体意识的重要价值①。

3. 2017 年到 2020 年为中华民族共同体意识研究的快速跃升阶段。随着党的十九大报告提出“全面贯彻党的民族政策，深化民族团结进步教育，铸牢中华民族共同体意识，加强各民族交往交流交融，促进各民族像石榴籽一样紧紧抱在一起”，并将“铸牢中华民族共同体意识”写入新修订的党章后，学术界对中华民族共同体意识的理论研究进入爆发式增长期，研究范围与广度进一步拓展，“利益分配论”“价值规范论”与“认同论”成为当前学界讨论这一主题的基本范畴②。学者们开始深入剖析中华民族共同体意识的概念内涵、要素构成与实践进路。为了适应新时代的发展，部分学者指出了新时代中国共产党中华民族观的基本内涵需铸牢中华民族共同

① 王世靓、王伯承：《公共性视野下的民族互嵌型社区探析》，《西南民族大学学报》（人文社会科学版）2017 年第 12 期。

② 龙金菊、高鹏怀：《民族心态秩序构建：铸牢中华民族共同体意识的社会心理路径》，《西南民族大学学报》（人文社会科学版）2019 年第 12 期。

体意识[①]。也有学者基于国内外少数民族经济发展、民族交往交流交融的本土经验，研究中国特色少数民族社会发展与铸牢中华民族共同体意识的深刻关系。[②③]从国际视野来看，一些学者认识到全球化在构建人类命运共同体的同时，也在冲淡民族认同的声音，使民族意识面临被消解的挑战。[④]众多学者开始关注铸牢中华民族共同体意识与人类命运共同体、中华民族共同体以及“一带一路”之间的内在关联，提出培育中华民族共同体意识是构建人类命运共同体的需要[⑤]，并分析“一带一路”建设中的民族交往对铸牢中华民族共同体意识和构建人类命运共同体产生的积极作用[⑥]。党的十九届四中全会全面总结了我国治理体系的诸多优势，其一就是“坚持各民族一律平等，铸牢中华民族共同体意识，实现共同团结奋斗、共同繁荣发展的显著优势”。在2019年中国十大学术热点评选中，“中华民族共同体意识研究”名列第7位，且明确指出“把铸牢中华民族共同体意识与新时代民族团结进步事业联系起来，明确民族团结进步

---

①裴圣愚、余扬：《新时代中国共产党中华民族观的基本内涵》，《广西民族研究》2019年第6期。

②龚永辉、倖代瑜、黄金海：《守正创新 能帮善成 和谐壮美——广西壮族自治区民族团结进步60年的基本经验》，《广西民族研究》2019年第1期。

③徐海燕：《对凝聚中华民族共同体意识的探讨——以俄罗斯的经验为视角》，《湖北社会科学》2018年第3期。

④林林、赖海榕：《习近平关于中华民族共同体意识的重要论述探析——对全球化视域下中华民族共同体意识的塑造》，《经济社会体制比较》2019年第5期。

⑤赵旭东：《迈向和而不同的人类命运共同体——基于“一带一路”人类学与中华民族共同体意识构建的新思考》，《西北民族研究》2019年第2期。

⑥冯雪红、张梦尧：《“一带一路”建设中民族交往的意义、内容及路径》，《湖北民族学院学报》（哲学社会科学版）2018年第5期。

事业是培育和铸牢中华民族共同体意识的基础性事业”①。因此，未来如何系统综合地统筹中华民族共同体意识研究，并推动民族团结进步将成为新阶段的研究重点。

五、研究结论

第一，自中华民族共同体意识提出以来，相关研究领域的文献篇数呈现出激增的趋势，研究方法多为定性研究，研究主题日益丰富，研究作者与机构多为独立研究，相关合作较少。中华民族共同体意识相关研究不再囿于单一学科范围，已经形成多学科齐力构建形势。中华民族共同体意识的丰富内涵与理论价值、现实意义正随着国家社会发展、民族工作特点、民族团结进步事业发展需要而呈现出新的内容与特点。铸牢中华民族共同体意识不仅需要理论支撑，其实践路径也需要结合各民族实际进行深入地探索。因此，应鼓励倡导不同区域的学者、研究机构开展交流与合作，尤其是要加强理论与实践的紧密结合，鼓励学术工作者与政府政策部门加强沟通交流，在加强理论研究的同时，关注民族工作的特点、民族发展的需要，增强学术研究能力，提升思想理论的政治影响力，在铸牢中华民族共同体意识的同时，促进各民族更好地发展。

第二，通过关键词聚类分析，并结合现有文献，将我国中华民族共同体意识研究的相关主题归类为理论渊源、内涵界定、价值意蕴与实践路径。从经典文献梳理中可以看出，学者们对中华民族共同体意识的产生背景、本质界定和理论价值多具有共识性。但在

① 光明日报理论部等：《2019 年度中国十大学术热点》，《光明日报》2020 年 1 月 10 日第 11 版。

实践层面，对于铸牢中华民族共同体意识的效果评价、实证研究不是很多，未来有关铸牢中华民族共同体意识的实证效果评价亟待开展。未来研究可通过实地调研分析各民族成员的中华民族共同体意识的形成过程和影响因素，从个案和微观层面来理解各民族成员的中华民族共同体意识的形成与演变。

第三，通过关键词时区图，可以看出中华民族共同体意识研究重点与现实政策具有很强的呼应性，高频关键词与突现词多是来源于不同政策文本中反复强调的核心要义。由于我国是多民族的国家，民族问题与民族工作具有独特性，未来民族发展需要扎实的理论支撑与实践经验指导。因此，学术界对民族政策的研究应具有预见性，敢于在政策颁布之前针对民族团结进步事业发展的需要，提出先见性的理论建议与创新设计，以此为我国民族团结进步事业发展增添助力。

从政治定位来深化对铸牢中华民族共同体意识的认识[①]

2020 年 12 月 2 日，汪洋同志在全国政协民族和宗教委员会关于“构建各民族共有精神家园，铸牢中华民族共同体意识”的主题协商座谈会上发言指出，“铸牢中华民族共同体意识是习近平总书记对党的民族理论与时俱进的创新发展，是马克思主义民族理论中国化的最新成果”[②]。如果说新时代民族工作的主线是党中央对铸牢中华民族共同体意识的实践定位和政策定位的话，那么马克思主义民族理论中国化的最新成果就可以视作党中央对铸牢中华民族共同体意识的理论定位和政治定位。就研究现状而言，从前一角度进行论述的成果较多，而从后一角度进行阐释的成果则较少。事实上，“马克思主义民族理论中国化的最新成果”这一政治定位可以为深入理解铸牢中华民族共同体意识提供诸多启示：“马克思主义民族

① 本文原发表于《西南民族大学学报》（人文社会科学版）2021 年第 8 期。

② 《汪洋出席全国政协民宗委主题协商座谈会》，新华网，2020 年 12 月 2 日，http://www.xinhuanet.com/politics/2020-12/02/c_1126814073.htm，访问日期：2020 年 12 月 30 日。

理论”强调铸牢中华民族共同体意识与中国共产党民族理论民族政策体系之间的延续性；“中国化”强调铸牢中华民族共同体意识对中国基本国情的把握及对现实挑战的回应；“最新成果”则强调铸牢中华民族共同体意识在民族理论和民族政策上有一系列的创新发展。概而言之，“马克思主义民族理论中国化的最新成果”的政治定位表明铸牢中华民族共同体意识具有政策延续性、现实回应性、理论创新性三大特征。基于以上分析，本文尝试从这三个角度展开论述。

一、铸牢中华民族共同体意识的政策延续性

马克思主义民族理论是马克思主义认识人类社会民族现象、把握民族过程发展规律和解决民族问题的科学思想体系。[①]它运用历史唯物主义和辩证唯物主义的基本原理，对人类社会不同时期的民族过程进行了深入系统地考察，揭示了民族问题与阶级问题、社会问题、社会革命问题的关系，并在此基础上阐明了正确解决民族问题的理论原则。[②]中国共产党既是马克思主义民族理论的践行者，也是马克思主义民族理论的建设者。中国共产党的民族理论话语与民族政策实践是马克思主义民族理论体系的有机构成部分，毛泽东、周恩来、邓小平、李维汉等老一辈无产阶级革命家及党中央几代领导集体都为其发展做出了重要贡献。中国共产党的民族政策一直坚持马克思主义民族理论的指导方向，而且结合中国特色社会主义建设的实践进程不断丰富、不断发展这一理论体系。

---

①郝时远：《坚持马克思主义民族理论的指导地位》，《民族研究》2004 年第 3 期。

②金炳镐、周传斌：《马克思主义民族理论与中国民族学学科——纪念马克思逝世 120 周年》，《民族研究》2003 年第 5 期。

党的十八大以来，党中央全面把握中华民族伟大复兴战略全局和世界百年未有之大变局，在民族事务与民族治理上提出一系列新主张、新提法、新论断，从而形成了以铸牢中华民族共同体意识为核心的习近平新时代民族工作重要论述。作为面向新时代的民族工作新方略，围绕铸牢中华民族共同体意识出现了一些思想或理论上的误区，进而引发一些关于民族理论与民族政策延续性的看法。“马克思主义民族理论中国化的最新成果”的政治定位无疑非常及时地回应了上述认识误区和看法，宣示了铸牢中华民族共同体意识对民族平等、民族团结、各民族共同繁荣等马克思主义民族理论基本原则的坚守。党中央将铸牢中华民族共同体意识定位为马克思主义民族理论中国化的最新成果，具有以下三方面的功能：一是消除理论误区，二是平息政策论争，三是指明实践方向。

以马克思主义民族理论中国化的最新成果作为铸牢中华民族共同体意识的政治定位有助于消除相关理论误区。与铸牢中华民族共同体意识相关的理论误区，最典型的如“内在冲突论”，认为中华民族多元一体格局既强调一体又强调多元，而中华民族共同体概念则只讲一体不讲多元，因此两者之间存在冲突与对立；又如“求同否异论”，认为所谓中华民族共同体就是以共同性为基础的民族实体，铸牢中华民族共同体意识就是强化共同性而否定差异性；再如“民族同化论”，认为铸牢中华民族共同体意识意在人为促进民族融合或民族同化。对于以上理论误区，我们固然可以从逻辑或事实上予以驳斥，然而马克思主义民族理论中国化最新成果的政治定位则是最为有力、最为根本的驳斥方式。因为这些理论误区包含的认识明显违背了马克思主义民族理论的基本原则，因而也就不可能是对铸牢中华民族共同体意识的正确认识。

以马克思主义民族理论中国化的最新成果作为铸牢中华民族共同体意识的政治定位有助于平息相关政策论争。由于民族事务治理的复杂性，学界在中国民族政策的治理成效与完善方向上长期存在各种不同认识，例如民族问题政治化与去政治化的讨论[①]、所谓第一代民族政策向第二代民族政策转型的讨论[②]、民族区域自治制度取消论与深化论的对垒等就是这方面论争的集中体现。铸牢中华民族共同体意识这一全新理论提出之后，有人认为中国民族理论政策转向了。事实上，党和国家的民族理论政策是一脉相承而又与时俱进的，不存在所谓转向问题。习近平总书记在2014年中央民族工作会议上指出，新中国成立65年来，党的民族理论和方针政策是正确的，中国特色解决民族问题的道路是正确的，我国民族关系总体是和谐的，我国民族工作做的是成功的[③]，并把中国特色解决民族问题的正确道路总结为“八个坚持”。在2019年全国民族团结进步表彰大会上，又进一步将新中国成立70年来民族工作的成功经验总结为“九个坚持”。铸牢中华民族共同体意识本身就是中国特色解决民族问题的正确道路的核心内容，它是中国民族理论政策体系与时俱进的发展与完善。作为马克思主义民族理论中国化的最新成果，铸牢中华民族共同体意识切实反映了当前民族工作的现实需要，在某种意义上就是对新时代民族工作“五个并存”阶段性特征的及时反应。

---

①马戎：《理解民族关系的新思路——少数族群问题的“去政治化”》，《北京大学学报》（哲学社会科学版）2004年第6期。

②胡鞍钢、胡联合：《第二代民族政策：促进民族交融一体和繁荣一体》，《新疆师范大学学报》（哲学社会科学版）2011年第5期。

③国家民族事务委员会编《中央民族工作会议精神学习辅导读本》增订版，民族出版社，2019，第295页。

以马克思主义民族理论中国化的最新成果作为铸牢中华民族共同体意识的政治定位有助于指明实践方向。铸牢中华民族共同体意识作为新时代民族工作的主线，重心在于实践推进。作为抽象层次较高的总体性国家意志，铸牢中华民族共同体意识必须首先明确实践方向，才能确保在后期实践推进过程中不出现目标性偏误。在铸牢中华民族共同体意识相关论述中，有两个提法非常重要：一个是“促进各民族交往交流交融”，另一个是“正确把握共同性和差异性的关系”。前者是铸牢中华民族共同体意识的重要路径，后者是铸牢中华民族共同体意识的重要原则。那么，促进各民族交往交流交融的力度与程度应当如何把握？正确把握共同性和差异性关系的基本原则是什么？对这些理论建构和实践推进中关键性问题的回答，离不开马克思主义民族理论的指导。联系民族平等、民族团结、各民族共同繁荣等马克思主义民族理论的基本原则，才能确定铸牢中华民族共同体意识的实践方向。

二、铸牢中华民族共同体意识的现实回应性

汪洋同志所说的马克思主义民族理论中国化，就是将马克思主义民族理论的基本原理与中国民族问题的具体实际结合起来，形成阐释中国民族现象的理论体系及制定解决中国民族问题的政策体系的过程。马克思主义民族理论中国化过程具有继承原理、结合实际、与时俱进、不断创新的鲜明特点。[①] 在领导中国革命、建设和改革的历史进程中，中国共产党的民族纲领和政策经历了从全盘接

---

①张三南：《论马克思主义民族理论中国化的历史发展——从经典作家民族理论到“中国模式”》，《民族研究》2010 年第 1 期。

受苏俄民族理论，到不断根据中国的现实国情，自觉运用马克思主义民族理论解决中国民族问题的完整认知过程。[①] 经过党中央几代领导集体的共同努力，马克思主义民族理论中国化形成了系统而丰富的成果，集中体现为中国特色解决民族问题的正确道路。无论是“八个坚持”还是“九个坚持”的文本表述，铸牢中华民族共同体意识都被视作马克思主义民族理论中国化的重要内容。“中国化”的政治定位充分凸显了铸牢中华民族共同体意识对中国现实的回应性，既包括对具体国情的回应，也包括对时代背景的回应。从现实回应性的角度展开分析，无疑有助于深刻认识铸牢中华民族共同体意识的政策背景与政策目标。

铸牢中华民族共同体意识体现了对统一的多民族国家基本国情的深刻回应。中国是一个有着悠久历史的统一的多民族国家，这个基本国情决定了“一”与“多”关系的处理在国家建设中的中心地位。历史经验一再证明，“一”与“多”的关系处理得好，就可能开创四海升平、国泰民安的盛世；“一”与“多”的关系处理不好，就足以催生兵戎相见、民不聊生的乱世。中华人民共和国成立以来，中国共产党将马克思主义民族理论与中国基本国情相结合，领导全国各族人民走出了一条中国特色解决民族问题的正确道路，有效摆脱了之前在民族事务上普遍存在的治理困局。然而，在平等、团结、互助、和谐的社会主义民族关系已经确立的大背景之下，我们必须清醒地认识到当前中国民族问题还面临诸多挑战，其中最突出也最根本的是共同性与差异性关系失衡问题。这种失衡主要表现

①孙军：《马克思主义民族理论中国化早期进程研究》，中央民族大学出版社，2018，第2页。

为一段时期以来民族工作实践与民族理论研究中存在的不良倾向，即民族之间的差异性被夸大、被强调、被宣扬，而民族之间的共同性却被忽视、被遗忘、被遮蔽。费孝通先生早在20世纪90年代就敏锐地指出中国民族问题研究存在“突出局部、割裂整体”的缺点，“中国民族研究限于少数民族，势必不容易看到这些少数民族在中华民族整体中的地位，以及它们和汉族的关系。而且如果对这些少数民族分开来个别加以研究，甚至对各民族间的关系也不易掌握”[①]。共同性与差异性的关系本质上还是“一”与“多”的关系问题。二者失衡客观上是由于“一”与“多”内在张力的长期存在，主观上是由于对“一”与“多”关系复杂性的认识不足，而其危害集中表现为对中华民族整体性的冲击与消解，并最终影响到多民族国家的统一与安定。从本源意义上来说，正是由于当前出现了共同性与差异性关系的失衡，党中央才针对性地提出铸牢中华民族共同体意识并将其确立为新时代党的民族工作的主线。

铸牢中华民族共同体意识体现了对中华民族多元一体格局的有效回应。中华民族多元一体格局是处理一切中国民族问题的社会结构性基础。2014年中央民族工作会议对各民族交融汇聚成多元一体中华民族的历史进程进行了描述：“我国历史演进的这个特点，造就了我国各民族在分布上的交错杂居、文化上的兼收并蓄、经济上的相互依存、情感上的相互亲近，形成了你中有我、我中有你，谁也离不开谁的多元一体格局。”[②] 然而一方面，这种历史形成的多元一体民族结构依然有其复杂变动性的一面。费孝通先生在《中华民

---

①费孝通：《中华民族研究的新探索》，《北京大学学报》（哲学社会科学版）1990年第4期。

②国家民族事务委员会编《中央民族工作会议精神学习辅导读本》增订版，第22页。

族多元一体格局》中指出，“可以说在中华民族的统一体之中存在着多层次的多元格局。各个层次的多元关系又存在着分分合合的动态和分而未裂、融而未合的多种情状”①。有学者则进一步指出，“或许费孝通没有点明的是，‘多元’与‘一体’在某种程度上的对立紧张，正体现出‘中华民族’的结构性特点”②。另一方面，“中华民族作为一个自觉的民族实体，是近百年来中国和西方列强对抗中出现的”③。外在力量使得中华民族进一步凝聚并形成自我意识，但内在力量和凝聚因素还有待全面系统地建立起来，这既是近现代以来中国边疆危机的内在根源，在某种意义上也是中华民族共同性生长迟滞的根源所在。④作为一个年轻甚至有些稚嫩的现代民族，其面临的最大问题是与国家形态之间匹配不够完善。因此每当中华民族走到历史关键时刻，都会激发关于“一”和“多”的大讨论。晚清立宪派与革命派关于中华民族结构的争论，抗战时期关于“中华民族是一个”的争论，二十世纪八九十年代围绕中华民族多元一体格局的讨论，乃至今天围绕铸牢中华民族共同体意识这一主线开展的各项工作，无不是致力于回应或超越“一体”与“多元”之间的张力问题。周而复始的论战，究其根源在于中华民族共同性的问题未能彻底解决，进而影响到中华民族整体性的建构。⑤铸牢中华民族共同体意识意在确立“一体”的主线与方向地位，致力于从根本上

① 费孝通主编《中华民族多元一体格局》修订本，中央民族大学出版社，1999，第36页。

② 关凯：《族群政治》，中央民族大学出版社，2007，第252页。

③ 费孝通：《中华民族多元一体格局》修订本，第3页。

④ 郝亚明：《论中华民族多元一体格局与中华民族共同体建设》，《湖北民族学院学报》（哲学社会科学版）2019年第1期。

⑤ 郝亚明：《中华民族共同体建设的三个维度》，《西北民族研究》2021年第1期。

破解“一体”与“多元”之间的张力问题。

铸牢中华民族共同体意识体现了对新时代党的民族工作宏观背景的及时回应。2014年中央民族工作会议指出，我国的民族工作呈现“五个并存”的阶段性特征，即改革开放和社会主义市场经济带来的机遇和挑战并存，民族地区经济加快发展势头和发展低水平并存，国家对民族地区支持力度持续加大和民族地区基本公共服务能力建设仍然薄弱并存，各民族交往交流交融趋势增强和涉及民族因素的矛盾纠纷上升并存，反对民族分裂、宗教极端、暴力恐怖斗争成效显著和局部地区暴力恐怖活动活跃多发并存。[①] 这“五个并存”客观全面地总结了新时代党的民族工作面临的一些突出挑战，也在整体上呈现出党中央提出铸牢中华民族共同体意识的政策背景。铸牢中华民族共同体意识，肩负着为改革开放深化进行、民族地区经济社会发展、民族关系团结和谐、多民族国家统一安定保驾护航的伟大历史使命。回顾中华民族共同体概念的形成脉络可以发现，中华民族共同体意识这个表述最早出现在2014年第二次中央新疆工作座谈会上。其政策定位发生了几重变化：在第二次中央新疆工作座谈会时它属于“局部性民族工作策略”，到2014年中央民族工作会议时演进为“全局性民族工作方针”，2017年被写入党章时成为“党的民族政策纲领”，2019年进一步被明确为“新时代党的民族工作的主线”。这既是对铸牢中华民族共同体意识的认识不断深化的过程，也是铸牢中华民族共同体意识对新时代党的民族工作宏观背景不断深入回应的过程。

铸牢中华民族共同体意识体现了对“两个大局”时代背景的

① 国家民族事务委员会编《中央民族工作会议精神学习辅导读本》增订版，第46页。

积极回应。习近平总书记曾指出："领导干部要胸怀两个大局，一个是中华民族伟大复兴的战略全局，一个是世界百年未有之大变局，这是我们谋划工作的基本出发点。"① 一方面，实现中华民族伟大复兴有很多基础性战略工程，铸牢中华民族共同体意识正是其中之一。中华民族从历史中走来，一路历经风雨沧桑。打铁还需自身硬，只有经历铸牢中华民族共同体意识的淬炼，中华民族这艘钢铁巨轮才能承受民族复兴过程中种种难以预计的艰难险阻。"各族人民亲如一家，是中华民族伟大复兴必定要实现的根本保证。实现中华民族伟大复兴的中国梦，就要以铸牢中华民族共同体意识为主线，把民族团结进步事业作为基础性事业抓紧抓好。"②"实现中华民族伟大复兴，需要各民族手挽着手、肩并着肩，共同努力奋斗。"③ 另一方面，今天的世界是一个深度关联的世界，中华民族伟大复兴的进程是在世界百年未有之大变局的时代背景中进行的。"中华民族复兴既是世界大变局的有机组成部分，也是其重要推动因素；世界大变局则为实现中华民族伟大复兴既提供了条件和机遇，也带来了潜在风险和挑战。"④ 当今时代是一个全球化与逆全球化角力的时代，是一个共生与对抗交织的时代，是一个进步与保守并行的时代。在东升西降的国际格局转换之际，种族主义、民族主义、仇外主义、保守主义逆流正在不断冲击着世界和平局面。"纵观国内外两个大局，中华民族伟大复兴进程还面临众多的风险与挑战，其中

①杜尚泽：《习近平总书记江西考察并主持召开座谈会微镜头》，《人民日报》2019 年 5 月 23 日第 2 版。

②习近平：《在全国民族团结进步表彰大会上的讲话》，人民出版社，2019，第 7 页。

③同上书，第 11 页。

④高长武：《全面把握"两个大局"》，《人民日报》（海外版）2020 年 7 月 16 日第 1 版。

敌对势力瓦解、分化、阻挠、破坏国家统一和主权完整的阴谋从未放弃，国内民族问题和边疆民族地区往往成为敌对势力阻挠、遏制中国发展崛起的利用工具。”[①] 通过以上分析，铸牢中华民族共同体意识的必要性和紧迫性不言自明。铸牢中华民族共同体意识兼具“解决内部问题、迎接外部挑战”的双重意义，可以视作是中国共产党对“两个大局”时代背景的积极应对之举。

三、铸牢中华民族共同体意识的理论创新性

习近平新时代民族工作重要论述包含极为丰富的内容，党的十九大报告作了一个极为凝练的概括：“全面贯彻党的民族政策，深化民族团结进步教育，铸牢中华民族共同体意识，加强各民族交往交流交融，促进各民族像石榴籽一样紧紧抱在一起，共同团结奋斗、共同繁荣发展。”[②] 其中，铸牢中华民族共同体意识因最具理论创新性及实践指导性而被确立为新时代党的民族工作的主线。作为中国共产党民族理论与时俱进的创新发展，作为马克思主义民族理论中国化的最新成果，铸牢中华民族共同体意识的理论创新性到底体现在哪些方面呢？本文结合相关政策文本及理论解读，尝试从如下几个方面进行阐述。

其一，明确了“一体”的主线和方向地位。长期以来，社会上存在“一体”与“多元”之间是平行对等关系的认识，认为两者之间不存在主线与方向。习近平总书记在 2014 年中央民族工作会议讲话中指出：“我们讲中华民族多元一体格局，一体包含多元，一

---

① 王延中：《铸牢中华民族共同体意识　建设中华民族共同体》，《民族研究》2018 年版第 1 期。

② 习近平：《习近平谈治国理政》第三卷，外文出版社，2020，第 31 页。

体离不开多元，多元也离不开一体，一体是主线和方向，多元是要素和动力，两者辩证统一。”[①] 这段论述突出强调了“一体”对“多元”的维系作用，而这正是中华民族多元一体格局稳定平衡的前提所在。2014 年中央民族工作会议上还以大家庭与家庭成员的关系来形象描述中华民族共同体与其构成部分之间共生共存的关系，这对于理解“一体”与“多元”之间的关系极有帮助。中华民族和各民族的关系，是一个大家庭和家庭成员的关系，各民族的关系，是一个大家庭里不同成员的关系。[②] 明确“一体”作为主线和方向的地位，无论对于正确理解中华民族多元一体格局的意涵，还是铸牢中华民族共同体意识的实践都有极其重要的意义。相对于传统的多元一体平行论观点而言，“一体主线说”具有明显的理论创新意义。

其二，强调了正确处理共同性与差异性关系的实践方向。关于党中央为何提出铸牢中华民族共同体意识这一全新命题，学界对其背景有过一些侧面分析，提出国内外敌对势力对民族宗教问题的操弄、国家认同与民族认同之间的张力等现实问题。在这些具体因素背后，共同性和差异性关系失衡的问题跃然纸上。作为一个更具概括力、更有启示性的表述，它从本质上揭示了中国民族问题的症结所在。“要正确把握共同性和差异性的关系”这一论断大致包含以下四方面的基本意涵。首先，共同性与差异性的关系失衡是党中央提出铸牢中华民族共同体意识的现实背景；其次，共同性与差异性的关系调适是党中央推动铸牢中华民族共同体意识实践工作的政策目标；再次，铸牢中华民族共同体意识旨在正确处理共同性与差

①国家民族事务委员会编《中央民族工作会议精神学习辅导读本》增订版，第 247 页。

②同上书，第 25 页。

异性的关系，而非简单追求以共同性取代差异性；最后，中华民族共同体是兼具共同性与差异性的民族实体，共同体意识并不否认或排斥族际差异的客观存在。从正确处理共同性与差异性关系的角度来理解，铸牢中华民族共同体意识的现实背景、政策目标、实践方向、基本性质等问题都得到了进一步明晰。

其三，凝练了中国特色解决民族问题的正确道路。在2014年中央民族工作会议上，习近平总书记对中国特色解决民族问题的正确道路进行了阐述。根据会议精神，其内涵可以总结为“八个坚持”，即坚持中国共产党的领导，坚持中国特色社会主义道路，坚持维护祖国统一，坚持各民族一律平等，坚持和完善民族区域自治制度，坚持各民族共同团结奋斗、共同繁荣发展，坚持打牢中华民族共同体的思想基础，坚持依法治国。[①] 在2019年全国民族团结进步表彰大会上，习近平总书记又将新中国成立70年来在民族工作上的成功经验总结为“九个坚持”，即坚持准确把握我国统一的多民族国家的基本国情，把维护国家统一和民族团结作为各民族最高利益；坚持马克思主义民族理论中国化，坚定走中国特色解决民族问题的正确道路；坚持和完善民族区域自治制度，做到统一和自治相结合、民族因素和区域因素相结合；坚持促进各民族交往交流交融，不断铸牢中华民族共同体意识；坚持加快少数民族和民族地区发展，不断满足各族群众对美好生活的向往；坚持文化认同是最深层的认同，构筑中华民族共有精神家园；坚持各民族在法律面前一律平等，用法律保障民族团结；坚持在继承中发展、在发展中创新，使党的民族政策既一脉相承又与时俱进；坚持加强党对民族工作的

①《坚定不移走中国特色解决民族问题的正确道路》，《求是》2014年第20期。

领导，不断健全推动民族团结进步事业发展的体制机制。[①] 对“八个坚持”和“九个坚持”的理论总结，很大程度上解决了关于中国民族理论与民族政策领域长期存在的认识不一致的问题，极大地增强了解决中国民族问题的“道路自信”“理论自信”“制度自信”。

其四，以共同体意涵彰显中华民族作为民族实体的特性。共同体是一个在哲学、社会学、政治学、心理学等学科中都有着深刻理论内涵的概念术语，通过对其内在蕴含的伦理、道德、价值、规则、情感、认同、秩序、安全、归属等要素的全面挖掘，不仅有利于构建中华民族共同体的理论体系，也有利于探索中华民族共同体建设的实践路径。从中华民族的视角出发，中华民族共同体是一个政治共同体、文化共同体、历史共同体、社会共同体；而从共同体的视角出发，中华民族共同体则是一个价值共同体、情感共同体、利益共同体、身份共同体。通过将中华民族与共同体联结起来的构词方式，有助于凸显中华民族作为民族实体的特性。在关于中华民族基本性质的讨论中，学界形成了中华民族是复合体、聚合体、中国各民族的总称等各种认识。这些理论认识只是表述了中华民族的结构特征，我们不能以此去取代甚至否认中华民族作为民族实体的本质特征。与民族实体相对的概念是民族虚体，大致指的是此类人群共同体尚不具备作为民族应该具备的属性、结构、要素、意识等主客观特征，只是名义上的民族。事实上，中华民族历经数千年的自在民族时期与百余年自觉民族时期，在风雨同舟的历史长河中锻造了强大的内聚力和明确的民族意识，早已铸炼成为名副其实的实体民族。

---

① 习近平：《在全国民族团结进步表彰大会上的讲话》，第 3 页。

其五，突出强调了中华民族共同体建设的社会路径。在中国民族事务治理过程中，政治、文化、经济是三大传统政策维度，而社会维度则相当程度上处于被忽视状态。习近平新时代民族工作重要论述的一大创新之处，就在于对铸牢中华民族共同体意识社会路径的突出强调。2019 年中共中央办公厅、国务院办公厅印发的《关于全面深入持久开展民族团结进步创建工作 铸牢中华民族共同体意识的意见》(以下简称《意见》) 指出，“新时代民族团结进步创建工作要坚持以铸牢中华民族共同体意识为根本方向，坚持以加强各民族交往交流交融为根本途径”[①]。《意见》要求“促进各民族交往交流交融。强调要推进建立相互嵌入式的社会结构和社区环境，积极营造各民族共居共学共事共乐的社会条件，开展各族群众交流、培养、融洽感情的工作，形成密不可分的共同体”[②]。其实这也是对“社会存在决定社会意识”的马克思主义基本原理的充分运用，因为中华民族共同体并非一个超然的实体，它植根于社会生活和社会结构之中；中华民族共同体意识也并非虚幻的精神产物，而是深入、全面、持续的族际交往交流交融的结果。民族交往的本质是社会交往，这是中华民族共同体意识形成的基础前提；民族交流的本质是文化交流，这是中华民族共同体意识形成的连接纽带；民族交融的本质是结构交融，这是中华民族共同体意识形成的结构支撑。党中央提出各民族相互嵌入式的社会结构和社区环境，要求建立“互嵌社会”，从而为各民族交往交流交融创造社会条件。各民族相互嵌

---

① 中共中央办公厅 国务院办公厅印发《关于全面深入持久开展民族团结进步创建工作铸牢中华民族共同体意识的意见》，新华网，2019 年 10 月 23 日，http://www.xinhuanet.com/politics/2019-10/23/c_1125142776.htm，访问日期：2020 年 12 月 30 日。

② 同上。

入的社区环境为各民族交往交流交融提供空间基础，而各民族交往交流交融则催生了各民族相互嵌入的社会结构，其在形成后又成为民族交往交流交融的结构基础。[①] 在以民族交往交流交融来铸牢中华民族共同体意识的整个过程中，各民族相互嵌入的社会结构和社区环境是不可替代的重要环节。

①郝亚明：《民族互嵌与民族交往交流交融的内在逻辑》，《中南民族大学学报》（人文社会科学版）2019 年第 3 期。

铸牢中华民族共同体意识
亟待多学科共创理论话语体系[①]

2014年，铸牢中华民族共同体意识提出以后，迅速得到了学术界的高度关注，相关研究成果以近乎逐年翻番的态势增长。在由《光明日报》等组织的2019年中国十大学术热点评选活动中，“中华民族共同体意识研究”名列第7位。[②]铸牢中华民族共同体意识之所以引发如此热烈的学术反响，是由其理论与实践上的双重意义所决定的。从理论意义上来讲，铸牢中华民族共同体意识是中国共产党民族理论与时俱进的创新发展，是马克思主义民族理论中国化的最新成果；从实践意义上来讲，铸牢中华民族共同体意识被确立为新时代党的民族工作的主线，所有的民族政策方针、民族工作实践都必须紧密服务于这个中心目标。

在2021年中央民族工作会议上，习近平总书记在讲话中强调，要以铸牢中华民族共同体意识为主线，推动新时代党的民族工作高

---

①本文原发表于《民族学刊》2021年第10期。

②光明日报理论部等：《2019年度中国十大学术热点》，《光明日报》2020年1月10日第11版。

质量发展。[①] 铸牢中华民族共同体意识被进一步确立为“新时代党的民族工作的‘纲’”，这激发起新一轮民族工作理论研究与实践推进的热潮。过去几年在铸牢中华民族共同体意识理论话语体系建构方面的工作，显然不足以支撑新形势下的理论与实践需求。其中很重要的一个原因就是很多学科囿于传统认识，因而欠缺参与中华民族共同体研究的理论自觉和学术担当，使得这样一个跨学科的议题无法汲取多学科的养分。统一的多民族国家是中国的基本国情，铸牢中华民族共同体意识作为全新理论命题，其话语构建工作既不可能也不应当由民族学单一学科来承担。在马克思主义思想指导之下，铸牢中华民族共同体意识的理论话语亟需社会科学各门学科的滋养与孕育，唯有如此才能使其具备更加坚实的理论基础和更加强大的话语感召。在某种意义上，铸牢中华民族共同体意识的理论话语构建工作是整个中国哲学社会科学的重大使命之一，其中民族学、历史学、政治学、心理学、社会学等学科的基础性作用尤为显著。

一、民族学：为什么中华民族是一个共同体?

民族学是一门对民族共同体的起源、演进、消亡等问题进行整体性探究的学科。在当代中国的学术传统中，几乎所有与民族相关的议题都归属于民族学学科之下，它涵盖着民族文化、民族历史、民族经济、民族艺术、民族理论、民族政策等诸多领域。中国的民族学学科有两个根本特征：一是坚持以马克思主义民族理论为指导，

①《以铸牢中华民族共同体意识为主线　推动新时代党的民族工作高质量发展》，《人民日报》2021 年 8 月 29 日第 1 版。

二是紧密服务于党和国家民族工作需要。在中华人民共和国成立之初，民族学学科就深度参与民族识别及少数民族社会历史调查等重大工程，在为多民族国家建设实践贡献力量的同时，也为中国民族问题研究提供了大量原始而鲜活的珍贵资料。①在党中央提出“铸牢中华民族共同体意识”之后，民族学学科迅速推出了大批相关研究成果，以排头兵和主力军的姿态推动了中华民族共同体理论话语体系的初步构建工作。②

“铸牢中华民族共同体意识”的提出对于民族学学科发展而言，既是一种机遇又是一种挑战。说是机遇，是因为“铸牢中华民族共同体意识”为民族学学科指明了发展方向，注入了新的动力；说是挑战，是因为民族学学科在新时代面临着视角切换、重心转移、话语重构的艰巨任务。在传统意义上，民族学将民族视作相对独立的文化单元，通过文化认知与文化比较来认识民族现象，更为注重民族个性的凸显与民族边界的确立。在这种研究视角之下，被视作文化实体的56个民族更具实质性研究意义，而中华民族长久以来并未成为民族学学科关注的中心。在“铸牢中华民族共同体意识”被定位为马克思主义民族理论中国化最新成果及新时代党的民族工作主线的背景之下，民族学学科必须与时俱进地将其确立为本学科的根本导向。民族学学科在积极参与中华民族共同体理论话语构建过程中，需要正视学科传统中存在的薄弱环节，积极革新理论话语，在深化认识“一体”与“多元”的关系、正确处理共同性与差异性的关系等方面做出更多的理论贡献。

---

①王建民、张海洋、胡鸿保：《中国民族学史》下卷，云南教育出版社，1998。

②郝亚明、秦玉莹：《中华民族共同体意识研究的热点分析与路径演化——基于Citespace的知识图谱分析》，《中南民族大学学报》（人文社会科学版）2021年第2期。

民族学学科在铸牢中华民族共同体意识的理论话语构建中承担着一个基础性任务，那就是阐明中华民族作为共同体的机理与依据何在。而论证中华民族共同体的民族实体性质，是铸牢中华民族共同体意识的逻辑前提，也是打牢中华民族共同体意识思想基础的核心内容。与民族实体相对的概念是民族虚体，意为名义上的民族，大致指的是此类人群共同体尚不具备作为民族应该具备的属性、结构、要素、意识等主客观特征。事实上，中华民族历经数千年的自在民族时期与数百年的自觉民族时期，在风雨同舟的历史长河中锻造了强大的内聚力和明确的民族意识，早已铸就成名副其实的实体民族。论证中华民族的实体与共同体性质，是民族学在铸牢中华民族共同体意识理论话语构建中义不容辞且不可替代的学科使命。

二、历史学：中华民族共同体从哪里来？

民族是一个历史形成的过程，历史脉络是民族叙事中不可或缺的部分。“一部中国史，就是一部各民族交融汇聚成多元一体中华民族的历史，就是各民族共同缔造、发展、巩固统一的伟大祖国的历史。”[①] 作为中华民族共同体的基础与表征，各民族共同开拓的辽阔疆域、各民族共同书写的悠久历史、各民族共同创造的灿烂文化、各民族共同培育的伟大精神，无一不是历史积淀的结晶。费孝通先生在论证中华民族多元一体格局的时候，史料记录与考古发现也是其重要的论据来源。从这个意义上来说，历史学学科承担着为中华民族共同体的形成演进提供实证支撑的重大使命，因而在中华民族共同体理论话语构建中有着举足轻重的作用。中国史学界已经

---

①习近平：《在全国民族团结进步表彰大会上的讲话》，人民出版社，2019，第7页。

为此做了大量的基础性工作，例如在边疆史的研究中紧密关注国家主权、边疆治理、民族交融等核心论题；对中华民族概念史、演进史等进行细致梳理与深入推进；对西方学界所谓“中国乃汉族国家”“长城外非中国”“元史、清史非中国历史”等论调进行批驳等，这些工作都在实质上有力地推动了中华民族共同体理论话语体系构建。历史学学科应该秉持高度的学术自觉，进一步参与到新时代中华民族共同体理论话语构建中来。

一方面要不断强化中华民族共同体的研究导向，继续加强各民族交往交流交融史、中华民族形成演进史等方面的具体研究工作。现实中各民族交往交流交融是铸牢中华民族共同体意识的重要路径，而历史上各民族交往交流交融则是中华民族共同体形成演进的起点所在。费孝通先生在论述中华民族多元一体格局形成过程时写道：“许许多多分散孤立存在的民族单位，经过接触、混杂、联结和融合，同时也有分裂和消亡，形成一个你来我去、我来你去，我中有你、你中有我，而又各具个性的多元统一体。”① 2014 年中央民族工作会议对这些各民族关联互嵌的历史事实进行了总结提升：“我国历史演进的这个特点，造就了我国各民族在分布上的交错杂居、文化上的兼收并蓄、经济上的相互依存、情感上的相互亲近，形成了你中有我、我中有你，谁也离不开谁的多元一体格局。”② 正是由于需要从历史唯物主义的高度出发来认识这些历史事实的现实价值，党中央才强调“要将各民族交往交流交融的历史事实搞清楚”。在中华民族形成演进史方面，前期已经有一些学者展开过研究，但

---

①费孝通：《文化的生与死》经典珍藏版，上海人民出版社，2013，第 538 页。

②《中央民族工作会议暨国务院第六次全国民族团结进步表彰大会在北京举行》，《人民日报》2014 年 9 月 30 日第 1 版。

作为中华民族共同体研究的系统性成果，还期待在论证体系与史料支撑方面有突破的佳作出现。陈连开、谷苞等先生通过历史考证指出，中国历史上南北两个统一体的汇合才使中华民族作为一个民族实体进一步的完成。[①]诸如此类的很多研究结论和研究思路都值得历史学界予以拓展或深化。

另一方面也是更根本的方面，那就是在历史研究中自觉将铸牢中华民族共同体意识上升为一种历史观。"历史观是关于什么是历史、怎样对待历史的总的看法和根本观点，是对待一个国家、一个民族安身立命的历史最基本的立场和观点"，"认识和研究历史又总是自觉或不自觉地在一定的历史观指导下，以史实、史料为基本依据而进行的一种思想认识活动"。[②]对于历史研究而言，史料的选择、编排、运用、阐述背后都是特定历史观的影响。历史观具有建构性的作用，也具有解构性的作用。例如"新清史"作为一种历史观，对于中国统一多民族国家建设而言就具有显而易见的解构性；再如我们说坚决反对两种民族主义，其中的重要内容就是反对大汉族主义史观与地方民族主义史观，它们都与铸牢中华民族共同体意识背道而驰。中国的历史学必须具备一种学科自觉，那就是将中华民族共同体意识上升为一种历史观、民族观、国家观，并将其内化到统一的多民族国家历史话语构建中去。

三、政治学：中华民族共同体意识对多民族国家建设有什么意义？

中华民族的概念兼具历史文化共同体与政治法律共同体双重意

① 费孝通主编《中华民族多元一体格局》修订本，中央民族大学出版社，1999，第 11 页。

② 宋月红：《历史虚无主义问题的实质是历史观问题》，《光明日报》2018 年 2 月 14 日第 11 版。

涵，但在传统意义上历史文化属性得到了更多强调。中华民族的政治性凸显不够，在某种意义上这也是国家民族事务被政治化的根源之一。从“中华民族”到“中华民族共同体”，最直观的话语转变莫过于对中华民族共同性与整体性的着重强调。而构建中华民族整体性，一方面要从历史文化层面发掘凝聚要素，另一方面也要从政治法律层面寻求制度保障。如果说历史学学科的优势在于论证中华民族共同体的历史文化关联，那么政治学学科的优势就在于为中华民族整体性提供强有力的政治合法性支撑。从中华民族共同体的政治属性出发，其理论话语体系构建中应当有政治学学科的参与，才不至于在理论解释和实践路径上出现方向性偏差。与其他学科相比，政治学学科在中华民族共同体话语构建中的潜力尚未被充分激活，中国政治学界整体上对民族问题研究的参与度较低。政治学学科的缺位不可避免地产生系列负面影响，这使得中华民族共同体的学理阐释欠缺政治维度，使得中华民族共同体的政治属性难以彰显，也使得民族政治实践中的国家立场与国家在场严重不足。

政治学在本质上是一门关于国家的学问，其涵盖的领域除了暴力机器意义上的国家（state）和领土地域意义上的国家（country）之外，理所应当还包括国民共同体意义上的国家（nation）。在民族—国家时代，政治学应兼顾国家建设（state building）与国族建构（nation building）两部分内容，不可偏废。“中华民族共同体”的新提法事实上高度关注中华民族的政治法律意涵，铸牢中华民族共同体意识被认为具有强烈的国族建构意味。从这个角度而言，中华民族共同体建设就是一个政治学命题，其使命在于推动中国这个多民族国家完成国族建构的大业。在中华民族共同体理论话语构建中有几个绕不开的“元问题”，如中国是统一多民族国家性质的判定、中华民族共同体与（多）民族国家理论的对接、中华民族共同体与国族建构的关系等，都离不开政治学的积极参与，这也可以视作是政治学学科参与本领域研究的重点方向。多民族国家到底是一种在性质上从属于民族国家的衍生类型，抑或是一种在本质上独立于民族国家的特殊形态？中国这个多民族国家是否属于民族国家范畴？从政治学的层面对这些问题的回答不仅关系到民族理论话语构建的进程，也会关系到国家民族事务实践与民族政策制定的方向。① 从政治学学科的角度研究民族问题，不仅要着眼于研究与国家建设紧密相关的政治现象，更应当将国族建构视作其学科定位的基准点，围绕中华民族共同体建设进行深入的理论和实践探讨。

四、心理学：中华民族共同体意识的心理机制是什么？

习近平总书记在2014年中央民族工作会议上指出："做好民族工作，最关键的是搞好民族团结，最管用的是争取人心。"② 这一表述也从侧面强调了情感与心理因素在民族工作中的重要作用。中华民族共同体意识的核心是认同问题，学界对这一论断有着高度共识。2021年中央民族工作会议指出，"铸牢中华民族共同体意识，就是要引导各族人民牢固树立休戚与共、荣辱与共、生死与共、命运与共的共同体理念"。③ 无论是"意识""理念"还是"认同"，本质上都属于心理学的议题。

心理学作为一门对人类心理现象发生发展规律及其影响进行探

①郝亚明：《各民族交往交流交融：淡化族际差异抑或强化族际纽带？》，《中央民族大学学报》（哲学社会科学版）2021年第3期。

②《中央民族工作会议暨国务院第六次全国民族团结进步表彰大会在北京举行》。

③《以铸牢中华民族共同体意识为主线　推动新时代党的民族工作高质量发展》。

究的学科，其对于铸牢中华民族共同体意识的基础性作用极易被人忽视。事实上，心理学可以直接为铸牢中华民族共同体意识提供很多专业性见解。例如群际接触理论指出，并非所有的族际互动都能提升族际关系，族际接触发生的社会情境会产生决定性的影响。因而在推动各民族交往交流交融以铸牢中华民族共同体意识的过程中，要高度注重促成积极接触的最优条件的营造。[①] 与国外心理学界深度涉入民族、种族等议题不同，中国的心理学学科在民族问题研究中处于某种程度的自我边缘化状态。很多明显具有心理学色彩的民族议题中极度缺乏心理学学科的专业性参与，导致相关研究难以触及问题的本质。[②] 共同的心理素质是民族共同体形成的基本条件，情感关联与心理支持是共同体的显著特征，意识理念的建构成效很大程度上取决于对心理机制的把握。从这些角度来看，在构建中华民族共同体理论话语体系过程中，必须积极引导心理学学科参与进来。有了心理学学科的充分涉入，我们不仅对什么是中华民族共同体意识会有更深刻的理解，而且对如何铸牢中华民族共同体意识也会形成很多创见性的思路。

中华民族共同体意识形成的心理机制与动因是什么？心理学在促进中华民族共同体意识形成上有哪些重要理论和经典案例？从心理机制的视角出发，哪些因素可以称之为中华民族共同体思想基础？何种实践路径可以有效提高中华民族共同体思想基础建设的可行性与有效性？这些都是在铸牢中华民族共同体意识理论话语构建方面亟待心理学学科回答的问题。心理学至少可以从如下几个方面

---

①G. W.Allport, *The Nature of Prejudice*. Reading（MA：Addison-Wesley,1954）, p.537.

②郝亚明：《心理学视角下的国家认同与族群认同关系探究》，《南开学报》（哲学社会科学版）2019 年第 6 期。

推动铸牢中华民族共同体意识工作。第一，进一步厘清中华民族共同体意识的内涵与本质。将心理学上的意识与认同形成发展演变理论与中华民族共同体自身特征相结合，有助于从理论上加深对中华民族共同体意识本质的认识。第二，发掘有效的中华民族共同体意识培育路径。民族偏见的消除、群际关系的提升、文化适应的推进、心理距离的拉近等心理学常见话题，无疑就是铸牢中华民族共同体意识的有效路径。同样，对国家认同与民族认同关系的探究、对族际交往交流交融心理机制的挖掘等复杂理论问题的探讨也能为铸牢中华民族共同体意识的实践路径提供启示。第三，准确评估中华民族共同体意识的状况。民族问题研究中通常采用的质性评估方式存在评价不准确、不精确的问题，尤其是在认同、意识、心理等主观指标上更为明显。心理学长于对内隐、潜在、主观变量的测量，通过有较高效度和信度测量工具的制作与使用，可以在中华民族共同体意识的状况掌握、波动监测、政策评估等方面发挥积极的作用。

五、社会学：铸牢中华民族共同体意识需要何种社会结构来支撑？

马克思主义认为，社会意识具有相对的独立性，但整体而言是由社会存在所决定的。中华民族共同体并非一个超然的实体，它植根于社会生活和社会结构之中；中华民族共同体意识并非虚幻的精神产物，而是各族民众深入、全面、持续的族际交往交流交融的结果。多民族社会是中华民族共同体的生成场域，共同的社会生活是中华民族共同体意识的终极源泉。从社会成员与社会生活的视角来阐述中华民族共同体意识的生成，是最鲜活最本原的理论构建方式。从社会结构、社会生活、社会交往、社会关系的角度来认识中华民族共同体及其意识构建问题，正是社会学学科的研究特长所在。社会学学科对于中华民族共同体理论话语构建的支撑作用主要体现在以下三个方面。

其一，社会学的核心研究议题对于中华民族共同体建设具有实践支撑意义。在铸牢中华民族共同体意识的政策表述中，社会结构、社区环境、社会交往等占据极为重要的地位，而这些都是社会学的核心分析概念。通过对这些核心概念的统领，可以将族际交往互动、族际居住格局、民族社会分层、城市民族工作、民族人口流动、民族关系、族际通婚等传统民族社会学研究议题串联贯通起来，以社会实践的形态为铸牢中华民族共同体意识的大业提供支撑力量和推动力量。①

其二，社会学的共同体研究传统对于中华民族共同体建设具有理论支撑意义。对共同体理论脉络的梳理，是准确认识中华民族共同体性质与特征的基本理路之一。从早期德国社会学家滕尼斯（Ferdinand Tönnies）以“共同体”与“社会”二元对立的视角展开对共同体意涵的探讨，再到近代社会学学科以“社区”的名义承接起共同体研究的大旗，都充分说明社会学具备对中华民族共同体意识中“共同体”意涵进行深入探究的学科禀赋和研究旨趣。从共同体的理论内涵出发，中华民族共同体是一个价值共同体、情感共同体、利益共同体、身份共同体。从这四个维度展开中华民族共同体的理论建构和实践建设，正是社会学学科视角带来的启示。

①麻国庆、关凯、施爱东等：《多学科聚力铸牢中华民族共同体意识研究（笔谈一）》，《西北民族研究》2020 年第 2 期。

其三，社会学为铸牢中华民族共同体意识的社会路径提供了学理支撑。在中国民族政策体系之中，政治、文化、经济是三大传统路径，而社会路径则相对处于被忽视的位置。党的十八大以来，民族事务治理体系与治理能力现代化的一个突出表现就是对社会路径的着重强调，如提出建设各民族相互嵌入的社会结构和社区环境、促进各民族交往交流交融等，这也是习近平新时代民族工作重要论述创新性的表现之一。[①] 民族交融的本质是社会交往，这是中华民族共同体意识形成的基础前提；民族交流的本质是文化交流，这是中华民族共同体意识形成的连接纽带；民族交往的本质是结构交融，这是中华民族共同体意识形成的结构支撑。在以民族交往交流交融来铸牢中华民族共同体意识的整个过程中，各民族相互嵌入的社会结构和社区环境是不可替代的重要环节。[②]

六、小结与讨论

对于铸牢中华民族共同体意识的理论话语构建而言，哲学社会科学中诸多学科都可以参与其中并做出自己独特的贡献。本文着重强调民族学、历史学、政治学、心理学和社会学，是因为这些学科在铸牢中华民族共同体意识话语构建中发挥的作用较为基础，而且各自承担着极为重要的功能使命。概而言之，民族学回答“为什么是”的问题，试图为中华民族共同体提供学理支撑，承担着论证中华民族共同体是实体民族的使命；历史学回答“从哪里来”的问题，

---

①郝亚明：《从政治定位来深化对铸牢中华民族共同体意识的认识》，《西南民族大学学报》（人文社会科学版）2021 年第 8 期。

②郝亚明：《民族互嵌与民族交往交流交融的内在逻辑》，《中南民族大学学报》（人文社会科学版）2019 年第 3 期。

试图为中华民族共同体提供历史依据，承担着将中华民族共同体意识上升为历史观的使命；政治学回答“为什么要”的问题，试图阐明铸牢中华民族共同体意识的功能价值，承担着彰显中华民族共同体国家民族属性的使命；心理学回答“是什么”的问题，试图厘清中华民族共同体意识形成的心理机制，承担着打牢中华民族共同体意识思想基础的使命；社会学回答“怎么办”的问题，试图探析铸牢中华民族共同体意识的社会基础，承担着从社会结构和社会互动层面铸牢中华民族共同体意识的使命。

在多学科共创铸牢中华民族共同体意识理论话语体系过程中，还应坚持如下两条基本原则。

一是各尽所长与交叉论证相互结合的原则。每一门学科都有相对独立的研究旨趣、理论视角、方法体系及学术传统，当不同学科各展所长、各尽其用地参与到跨学科议题之中时，通常都能极大地促进该领域的发展。如前文所示，民族学、历史学、政治学、心理学和社会学等学科对于铸牢中华民族共同体意识都有着各自的学理认识，都发挥着各自的支撑功能。然而我们还应该看到，多学科共同参与中华民族共同体意识研究的最终目的是通过跨学科交叉论证的方式，构建出一套逻辑严密、基础扎实、富有说服力和感召力的理论话语体系。在这个过程中，各门学科都应当摒弃学科本位主义，以开放的心态审视其他学科的观点，避免形成对中华民族共同体意识的片面理解。不同学科在中华民族共同体意识上存在的差异性认识，应当通过跨学科对话进行积极沟通，有效消解理论话语中的张力。

二是理论建构与实证支撑相互配合的原则。铸牢中华民族共同体意识的理论话语构建工作对统一思想认识、打牢思想基础、推动实践工作都有着非常重要的意义。然而我们需要看到，这里的理论话语构建并非单纯以逻辑推演、概念关联为特征的纯理论构建，而是包含着以大量实证材料及实证研究作为支撑。如果没有相应的实证研究作为支撑与引导，理论话语的说服力和感召力将大为受损，理论话语构建工作将极易陷入话语重复的境地，甚至导致实践方向上的偏差。在多学科共创铸牢中华民族共同体意识理论话语体系的过程中，一方面要注重以既有事实材料对理论话语的论证，另一方面还需要采用现代社会科学的实证研究方法，广泛收集定量定性材料，积极推进个案研究、比较研究，使得铸牢中华民族共同体意识的理论话语体系具有更为坚强的事实基础。

铸牢中华民族共同体意识的若干话语趋向[①]

铸牢中华民族共同体意识是党中央全面把握中华民族伟大复兴战略全局和世界百年未有之大变局，在统一的多民族国家建设问题上提出的重大战略举措。铸牢中华民族共同体意识作为新时代党的民族工作的主线，毫无疑问也将是今后相当长时期内中国统一多民族国家建设的指导方针。习近平总书记在2021年中央民族工作会议讲话中强调，“铸牢中华民族共同体意识是新时代党的民族工作的‘纲’，所有工作要向此聚焦”[②]。这在某种意义上标志着铸牢中华民族共同体意识已经由初步探索阶段迈向深入推进阶段。

在当前如火如荼的理论构建与实践推进中，迫切面临着如何正确认识和准确定位铸牢中华民族共同体意识这个根本性的问题。对铸牢中华民族共同体意识本质的精准把握绝非易事，它需要在对中

---

① 本文原发表于《民族研究》2022年第4期。另，本文标题之所以使用“话语趋向”而非“话语体系”，是因为铸牢中华民族共同体意识的各种理论话语还处于构建过程之中，在成熟度与系统性方面尚未达到体系的地步。

② 《以铸牢中华民族共同体意识为主线 推动新时代党的民族工作高质量发展》，《人民日报》2021年8月29日第1版。

国统一多民族国家基本国情的历史形成、对中国共产党民族理论的马克思主义属性、对新时代中华民族实现伟大复兴的战略需求等问题综合理解的基础上，进行多维度审慎客观地研判。当前学界对这一本质性问题的直接探究并不多，但依然可以看到若隐若现地呈现几种有所区分的理论认识趋向，可大致概括为“民族团结话语”“国族建构话语”“共同体建设话语”。简而言之，“民族团结话语”将铸牢中华民族共同体意识视作具有延续性与拓展性的民族团结策略，“国族建构话语”将铸牢中华民族共同体意识视作具有突破性与创新性的国族建构手段，“共同体建设话语”则将铸牢中华民族共同体意识视作具有超越性与本质性的共同体建设方案。尽管三种话语趋向之间并无根本性冲突，但彼此之间还是体现了颇为不同的学科传统和逻辑取向，在理论阐释和实践推进的侧重点上也存在着明显的差异。本文将这三种理论话语趋向视作把握铸牢中华民族共同体意识本质属性的一种思路，尝试以学理、逻辑、现实相结合的方式进行比较分析，以增进对相关问题的认识。

一、铸牢中华民族共同体意识的民族团结话语

毫无疑问，民族团结话语一直以来就是中国共产党民族理论与民族政策的主流话语体系。“民族团结，是中国共产党民族理论与民族政策的核心理念，也是中国特色民族事务管理制度的核心要义。”① 坚持民族团结，既是中国共产党马克思主义政党性质的根本要求，也是中国共产党领导革命与建设国家成功经验的总结。一方

① 陈建樾：《激荡与互动：中国共产党民族团结思想的提出与清晰化》，《西南民族大学学报》（人文社会科学版）2017 年第 2 期。

面，民族团结的主流话语体系地位普遍体现在国家的法律政策文本之中。例如，1949年作为代宪法的《中国人民政治协商会议共同纲领》以及后来的《中华人民共和国宪法》对此都有非常明确的规定与表述。另一方面，民族团结的主流话语体系地位集中体现在国家的民族事务实践之中。民族团结进步表彰大会、民族团结进步创建活动、民族团结教育、民族团结进步示范区和示范单位评选等重要事项的开展及其专有词汇的使用，清晰展现了我国民族工作围绕着维护民族团结这一中心任务而开展的事实。此外，在我们耳熟能详的民族理论与民族政策表述中，如我国处理社会主义民族关系的三个原则（民族平等、民族团结、各民族共同繁荣），我国社会主义民族关系的四个特征（平等、团结、互助、和谐），“三个离不开”（汉族离不开少数民族、少数民族离不开汉族、各少数民族之间也相互离不开），“两个共同”（共同团结奋斗、共同繁荣发展）等——民族团结无一例外都是其关切重点。概而言之，民族团结“既确定了我国处理民族问题的基本原则，又奠定了我国民族政策体系的主要脉络，还塑造了我国社会主义民族关系的基本特征”①。

党的十八大以来，以习近平同志为核心的党中央高度重视民族工作，在总结提炼中国特色解决民族问题正确道路的基础上，又与时俱进地提出了一系列新主张、新论断，形成了习近平总书记关于加强和改进民族工作的重要思想。纵观这一时段关于民族工作的重要论述，有两个基本特征。

其一是铸牢中华民族共同体意识的主线定位日益凸显。中华民

---

①张少春：《团结之路70年：新中国民族团结理论与实践的历史脉络》，《西北民族研究》2019年第3期。

族共同体意识在 2014 年被提出以后，就因其理论创新性与实践指导性当仁不让地成为新时代党的民族工作的中心概念。在这一过程中，中华民族共同体意识的政策定位发生了多次演进：在第二次中央新疆工作座谈会时属于“局部性民族工作策略”，到 2014 年中央民族工作会议时演进为“全局性民族工作方针”，到 2017 年被写入党章成为“党的民族政策纲领”，到 2019 年确立为“新时代民族工作的主线”，[①] 到 2021 年被进一步确认为“新时代党的民族工作的‘纲’”。值得注意的是，习近平总书记在 2021 年中央民族工作会议讲话中提到：“改革开放特别是党的十八大以来，我们党强调中华民族大家庭、中华民族共同体、铸牢中华民族共同体意识等理念，既一脉相承又与时俱进贯彻党的民族理论和民族政策，积累了把握民族问题、做好民族工作的宝贵经验，形成了党关于加强和改进民族工作的重要思想。”[②] 这段讲话直观而又明晰地揭示了铸牢中华民族共同体意识相关理念的提出与习近平总书记关于加强和改进民族工作重要思想的形成两者之间的逻辑关联。

其二是民族团结进步的工作目标持续得到重点强调。在 2021 年中央民族工作会议召开前夕，《人民日报》在头版头条以“共享民族复兴的伟大荣光”为题，对习近平总书记关于民族团结进步重要论述进行了专题报道。[③] 这篇一万四千余字的长篇综述报道，一方面集中展示了党的十八大以来党中央在民族团结方面形成的丰

①郝亚明：《从政治定位来深化对铸牢中华民族共同体意识的认识》，《西南民族大学学报》（人文社会科学版）2021 年第 8 期。

②《以铸牢中华民族共同体意识为主线 推动新时代党的民族工作高质量发展》。

③《共享民族复兴的伟大荣光——习近平总书记关于民族团结进步重要论述综述》，《人民日报》2021 年 8 月 25 日第 1 版。

硕理论成果，另一方面也深刻揭示了铸牢中华民族共同体意识在民族团结进步的整体架构下推进的逻辑关系。我们可以看到，党的十八大以来习近平总书记在民族团结方面有很多经典论述。例如，“民族团结是我国各族人民的生命线”“各族干部群众都要像爱护自己的眼睛一样爱护民族团结，像珍视自己的生命一样珍视民族团结”[①]“促进各民族像石榴籽一样紧紧抱在一起，共同团结奋斗、共同繁荣发展”[②]“必须高举中华民族大团结旗帜，促进各民族在中华民族大家庭中像石榴籽一样紧紧抱在一起”[③]。其中“眼睛”“生命”“生命线”“石榴籽”这些生动形象的提法尤为引人注目，起到了良好的政策宣传效果，推动了民族团结进步理念在各民族群众中入脑入心。有学者指出，“民族团结进步，是习近平新时代中国特色社会主义思想中的重要内容，在习近平治国理政的理论和实践中不仅占有重要地位，而且体现了一个重要特点，就是以通俗的比喻阐释民族团结进步的重要性，用形象的比拟描述各族人民团结一体的理想状态”。[④]

综上所述，从文本分析的角度而言，党的十八大以来党中央关于民族工作的诸多论述在结构上大致表现为民族团结进步主流话语体系与铸牢中华民族共同体意识新时代党的民族工作主线的相互交织。基于这一视角，以民族团结话语来解读铸牢中华民族共同体

①习近平：《在中央民族工作会议上的讲话》（2014年9月28日），载中共中央文献研究室编《习近平关于社会主义政治建设论述摘编》，中央文献出版社，2017，第152—154页。

②习近平：《决胜全面建成小康社会　夺取新时代中国特色社会主义伟大胜利——在中国共产党第十九次全国代表大会上的报告》，人民出版社，2017，第40页。

③《以铸牢中华民族共同体意识为主线　推动新时代党的民族工作高质量发展》。

④郝时远：《民族团结进步的新境界：铸牢中华民族共同体意识》，《西部蒙古论坛》2020年第3期。

意识，并将其视为根本性的民族团结策略具有内在逻辑合理性。以民族团结话语来认识或解读铸牢中华民族共同体意识有着得天独厚的优势。首先，这种理论话语构建方式清晰展现了铸牢中华民族共同体意识与民族团结进步事业之间紧密的内在联系。尽管两者之间存在相互促进相互支撑的互动关系，但民族团结话语在本质上是围绕铸牢中华民族共同体意识这一主线维护和促进民族团结大局的重要手段。其次，这种理论话语构建方式将铸牢中华民族共同体意识完美嵌入到马克思主义民族理论体系和中国特色解决民族问题正确道路之中。中国共产党走出了一条中国特色解决民族问题的正确道路，而铸牢中华民族共同体意识就是这条正确道路的有机构成部分。作为马克思主义民族理论中国化的最新成果，铸牢中华民族共同体意识的现实回应性与理论创新性极为引人注目，但政策延续性依然是准确把握其性质的基础和起点所在。2021 年中央民族工作会议指出，铸牢中华民族共同体意识等理念“既一脉相承又与时俱进贯彻党的民族理论与民族政策”。以民族团结话语来解读铸牢中华民族共同体意识，淋漓尽致地展现了两者之间“一脉相承”的理论关联，彰显了其马克思主义民族理论的基本性质。更进一步说，将铸牢中华民族共同体意识与民族团结进步关联起来，客观上也具有消除理论误区、平息政策论争、指明实践方向的现实功用。[①] 正是基于以上缘由，大量民族问题研究学者倾向于以民族团结理论话语来解读铸牢中华民族共同体意识。例如，有学者将其视作新时代民族团结进步的新境界[②]；还有学者称之为中国民族团结进步事业的第

①郝亚明：《从政治定位来深化对铸牢中华民族共同体意识的认识》。

②郝时远：《民族团结进步的新境界：铸牢中华民族共同体意识》。

五个阶段①。

铸牢中华民族共同体意识的民族团结话语立足中国统一多民族国家的基本国情，紧扣马克思主义民族理论的基本立场，展现出鲜明的延续性与拓展性特点。这里的延续性是指铸牢中华民族共同体意识与传统民族团结话语之间的对接延续，这里的拓展性是指铸牢中华民族共同体意识对传统民族团结话语的创新拓展。从当前民族团结话语对铸牢中华民族共同体意识的解读来看，在延续性层面已经比较成熟，然而在拓展性层面则尚有欠缺。在某种意义上，延续性支撑着铸牢中华民族共同体意识民族团结话语的合理性；拓展性则决定着铸牢中华民族共同体意识民族团结话语的生命力。毕竟，铸牢中华民族共同体意识是习近平总书记的重大原创性论断，能否有效挖掘其创新性是评判一种理论话语体系价值的关键所在。因此，在构建铸牢中华民族共同体意识的民族团结话语时必须时刻警惕两种情形：一是在理论上不足以挖掘铸牢中华民族共同体意识的创新性，二是在实践上沿袭“新瓶装旧酒”的方式来铸牢中华民族共同体意识。

铸牢中华民族共同体意识作为马克思主义民族理论中国化的最新成果，具有政策延续性、现实回应性与理论创新性三大基本特征。②民族团结话语集中凸显了政策延续性，但似乎并不足以全方位地挖掘出铸牢中华民族共同体意识的现实回应性和理论创新性。这一方面要求我们继续丰富和完善民族团结话语体系，另一方面则昭示我们有必要引入新的理论视角作为铸牢中华民族共同体意识话

①张少春：《团结之路70年：新中国民族团结理论与实践的历史脉络》。

②郝亚明：《从政治定位来深化对铸牢中华民族共同体意识的认识》。

语体系的补充。

二、铸牢中华民族共同体意识的国族建构话语

在关于中国统一多民族国家建设的学术探讨中，民族国家与国族建构并非陌生的术语。在民族理论与民族政策领域，这些术语通常以反思与启示的形象出现。由于民族国家、国族建构等术语与西方历史、政治的深度勾连，它们也时常遭受能否适用于中国的历史和现实、如何与既有理论话语体系对接等方面的质疑。然而不可否认的是，“中国是不是民族国家？”“中华民族是不是中国的国家民族？”“中国是否需要进行国族建构？”这些老生常谈的争论却关涉中国民族理论话语体系构建的基础与方向。在 2014 年党中央提出中华民族共同体意识之后，一些学者尝试从国族建构的角度对其理论意涵和实践意义进行解读，彰显了这一视角对于铸牢中华民族共同体意识的话语构建潜力。

所谓铸牢中华民族共同体意识的国族建构话语，其主旨概而言之就是铸牢中华民族共同体意识具有国族建构的性质。为了清晰理解国族建构话语的理论逻辑与应用前提，我们可以尝试将其核心思想转化成三段论式的演绎推理：第一，民族国家建设既包括国家建设还包括国族建构；第二，中国是民族国家，而中华民族就是中国的国家民族；第三，铸牢中华民族共同体意识是一种具有突破性与创新性的国族建构手段。

（一）民族国家建设包括国家建设和国族建构

民族国家（nation-state）① 建设既包括国家建设（state building）

①nation-state 在国内有多种译法，如国民国家、民族国家等，本文为避免与既有知识体系之间的冲突，采用传统的民族国家译法。

也包括国族建构（nation building）①，这是国族建构话语的理论前提。民族国家作为人类社会的一种政治组织形式，强调民族边界与国家边界的相互重叠，民族为国家提供政治合法性，国家成为民族的政治屋顶。从这个意义上来说，民族—国家是“两种不同结构与原则的熔合，一种是政治与领土的，一种是历史与文化的”②。尽管民族国家是民族原则与国家原则紧密结合的产物，但两者之间的区分依然十分明晰。恰如有学者所言：“‘民族’与‘国家’有不同的渊源，其行动旨趣也大相径庭。前者是‘共同体’谱系的一个分支，为个体成员提供情感归属；后者出自‘统治体’一脉，核心构造是一套具有暴力色彩的政权组织系统。”③正是在这个意义上，真正的民族国家建设就必须包含国家建设与国族建构两个环节，不仅缺一不可，而且无法替代。

安东尼·D. 史密斯（Arthony D.Smith）指出：“虽然民族缔造（nation building）是一个与国家建构时常互换使用的术语，但民族缔造的重点和中心点却与之有着相当大的差异。”④国内外很多学者认识到这一点，在对国家建设与国族建构进行区分的基础上对二者的

---

①国家建设（state building）与国族建构（nation building）两者在国内均有多种译法。例如 state building 的译法有国家建设、国家组织建设、国家政权建设、国家形成等；nation building 的译法有国族建构、国民共同体建设、民族统一构设、民族缔造等。相关讨论可参见王希恩：《论“民族建设”》，《中国社会科学院研究生院学报》2004 年第 3 期；饶志华、于春洋：《论民族建设与国家建设》，《西南民族大学学报》（人文社会科学版）2013 年第 11 期。

②戴维·米勒、韦农·波格丹诺：《布莱克维尔政治学百科全书》修订版，中国政法大学出版社，2002，第 490 页。

③张凤阳：《西方民族—国家成长的历史与逻辑》，《中国社会科学》2015 年第 6 期。

④安东尼·D. 史密斯：《全球化时代的民族和民族主义》，龚维斌、良警宇译，中央编译出版社，2002，第 106 页。

具体意涵进行了尝试性探讨。例如，蒂利（Charles Tilly）根据欧洲民族国家形成的经验指出，“国家构建”表现为政权的官僚化、渗透性、分化以及对下层控制的巩固；“民族构建”表现为公民对民族国家的认同、参与、承担义务和忠诚。[①] 王希认为，“国家建设”指的是构建保证国家赖以生存和发展的内部和外部环境的过程，具体包括保证领土的安全和主权的统一完整，在统治范围内建立有效的政治和法律秩序、建立有效的资源的汲取和分配机制，为公民提供基本的权利和福利等；“民族建设”指的是国家的公民群体的构建和更新过程，具体包括建立公民身份，建设和普及国家的核心价值观，建设公民认同感等。[②] 曹正汉认为，国家建设的实质是国家组织或国家政权建设，而国族建构的实质则是国民共同体或国家共同体建设。[③]

国家建设与国族建构两者的关系较为复杂。一方面，两者各有侧重，但又相互支撑。“‘国家构建’为‘民族构建’提供了政治上的保护和活动的领土场所；‘民族构建’为国家的运转提供了有效的合法性证明和全面的资源支持”。[④] 另一方面，两者互动紧密，但又不可替代。例如，饶志华等指出，民族建设与国家建设两者在客体、评价标准、目标、内容、主要行为承担者、历时性和起始时段

① 杨雪冬：《民族国家与国家构建：一个理论综述》，载刘建军、陈超群主编《执政的逻辑：政党、国家与社会（复旦政治学评论第 3 辑）》，上海辞书出版社，2005，第 89 页。

② 王希：《美国历史上的“国家利益”问题》，《美国研究》2003 年第 2 期。

③ 曹正汉：《“强政权、弱国家”：中国历史上一种国家强弱观》，《开放时代》2019 年第 2 期。

④ 杨雪冬：《民族国家与国家构建：一个理论综述》，载刘建军、陈超群主编《执政的逻辑：政党、国家与社会（复旦政治学评论第 3 辑）》，第 89 页。

等方面存在诸多差异。[①] 还有一些学者指出了国族建构非比寻常的复杂性与长期性，“现代民族国家需要一个很长的历史过程建构其民族性，对国家内部不同的人口集团进行整合，在具有不同历史文化和种族联系的人口中创造出政治的和社会的凝聚力，创造出把不同的民族连接在一起的制度文化，创造出对国家高度认同的政治文化，创造出一种与国家休戚相关的共同心理”。[②] 国家建设有可能在短时段内就能完成，但国族建构却是长时段的，甚至可能伴随着民族国家存续的始终。

（二）中国是民族国家，中华民族就是中国的国家民族，这是国族建构话语的现实基础

国族建构的概念与民族国家概念息息相关，一定意义上前者是后者的衍生品。中国作为统一的多民族国家，在本质上到底是从属于民族国家的一种非典型形态，抑或是独立于民族国家的一种特殊形态。这一问题在中国民族理论研究中具有“元问题”的意味，因为它不仅是理解当代中国民族问题研究中诸多论争的源头与起点，也影响着中国民族政策体系的价值取向与路径选择。[③] 判断中国是不是民族国家无外乎两条路径，一条是外在形式，一条是内在本质。

所谓民族国家的外在形式，就是经典理论所强调的民族边界与国家边界的一致性。首先，我们需要注意的是这里的民族边界指的

①饶志华、于春洋：《论民族建设与国家建设》。

②王建娥：《国家建构和民族建构：内涵、特征及联系——以欧洲国家经验为例》，《西北师大学报》（社会科学版）2010 年第 2 期。

③郝亚明：《各民族交往交流交融：淡化族际差异抑或强化族际纽带？》，《中央民族大学学报》（哲学社会科学版）2021 年第 3 期。

是政治意义上的国家民族的边界而非文化意义上的族群边界。“中华民族和它所包含的50多个民族都称为‘民族’，但在层次上是不同的”。[①]“享有主权的民族只能是政治意义上的国族，而不是文化意义上的族群……对应于领土型中国且负载国家主权的现代性民族/国族只有一个，就是‘多元一体’的整体意义上的中华民族”。[②]其次，民族边界与国家边界的一致性并不会天然生成，而是通过国家整合领土内所有民众——恰恰就是通过国族建构的过程来实现的。威尔·金里卡（Will Kymlicka）指出，19世纪法国通过民族建构政策非常成功地将人口众多的少数民族群体，如巴斯克人、布列塔尼人、奥克西坦尼人和加泰罗尼亚人等整合到国民序列之中；意大利的民族建构过程同样如此。[③]正是从这个意义上，霍布斯鲍姆（Eric J. Hobsbawm）才说：“不是民族创造了国家，而是国家创造了民族。”[④]

所谓民族国家的内在本质，就是作为国民共同体的国家民族实现了对国家的认同，赋予了民族国家统治的合法性。人们经常从民族国家所谓一族一国的理念与现实世界中国家的民族结构不相契合的角度去否认民族国家理念的合理性，正如有学者指出，“民族国家唯美的政治理想常常遭遇‘历史是否合法’‘现实是否可能’‘理

---

①费孝通：《中华民族的多元一体格局》，《北京大学学报》（哲学社会科学版）1989年第4期。

②张凤阳：《西方民族—国家成长的历史与逻辑》。

③威尔·金里卡：《多民族国家中的认同政治》，《马克思主义与现实》2010年第2期。

④Eric J. Hobsbawm, *Nations and Nationalism since* 1870（Cambridge: Cambridge University Press, 1991）, pp.9–10.

论是否普世’的多重叩问”[①]。但从一个国家应该拥有一个与其国民边界相一致的民族共同体，国家的主权属于这个民族共同体，民族共同体认同于这个国家并赋予这个国家统治合法性的角度而言，民族国家理念无疑是具有正当性的。决定一个国家是不是民族国家，并非其外在形式，而是其内在本质。正是在这个意义上，“到目前为止，民族国家仍然是唯一得到国际承认的政治组织结构”[②]。“民族国家被人们普遍地当成是唯一可行的政治统治单位，也被广泛地接受为国际政治的基本要素。绝大多数现代国家都是，或者都宣称是民族国家。民族国家的巨大优势就在于，它能提供一种同时实现文化团结和政治统一的前景。”[③]

“中华民族多元一体是先人们留给我们的丰厚遗产，也是我国发展的巨大优势。”[④]如果我们误读了民族国家概念的本质，机械地将这种文化族群上的多样性用来否认自己在国家民族这一概念上的一致性，将极大地影响到“丰厚遗产”和“巨大优势”在统一多民族国家建设中功能的发挥。通过表象性的民族构成将中国统一多民族国家现实与民族国家概念对立起来，国族建构也丧失了其合理性依据。承认中国是民族国家、承认中华民族是中国的国家民族，既没有违背马克思主义民族理论的基本原则，更不会与中国特色解决民族问题的正确道路形成冲突，相反却能使我们摆脱很多理论上的桎梏与实践上的局限，更好地围绕铸牢中华民族共同体意识，推动

---

①张会龙、朱碧波：《中华国家范式：民族国家理论的省思与突破》，《政治学研究》2021年第2期。

②安东尼·D. 史密斯：《全球化时代的民族与民族主义》，第122页。

③安德鲁·海伍德：《政治学核心概念》，吴勇译，天津人民出版社，2008，第315页。

④习近平：《在全国民族团结进步表彰大会上的讲话》，人民出版社，2019，第4页。

新时代党的民族工作的开展。在某种意义上，这正是在新时代民族理论研究领域“坚持正确的、调整过时的”的集中体现。

（三）铸牢中华民族共同体意识是一种国族建构手段，这是国族建构话语的核心观点

“国家共同体的稳健取决于一国有没有以及在多大程度上实现了基于领土空间尺度的聚合性民族 / 国族建构”。[①] 这句话相当深刻地阐明了国家共同体建设与国族建构的理论关联。之所以将铸牢中华民族共同体意识视作国族建构手段，有以下三方面的支撑。

其一，铸牢中华民族共同体意识与国族建构的主旨相契合。国族建构的主旨是什么？芬纳（Samuel E. Finer）认为，所谓国族建构就是所有国民组成一个自我认同的国民共同体；在这个国民共同体中，每一位国民都感觉到他们须共担责任，同时也共享国家收益。[②] 杨雪冬认为，民族构建就是民族作为文化—政治共同体的构建过程和民族认同的形成过程。[③] 张力等人指出，国族建构就是通过政治的、文化的、经济的各种手段使政治共同体成为文化共同体——一个有着共同记忆和共同追求、荣辱与共的联合体。[④] 曹正汉更是直

①张凤阳：《西方民族—国家成长的历史与逻辑》。

②Samuel E. Finer, “State- and Nation-Building in Europe: The Role of Military,” in Charles Tilly, ed. *The Formation of National States in Western Europe*, New Jersey: Princeton University Press, 1975. 转引自曹正汉《“强政权、弱国家”：中国历史上一种国家强弱观》,《开放时代》2019 年第 2 期。

③杨雪冬：《民族国家与国家构建：一个理论综述》，载刘建军、陈超群主编《执政的逻辑：政党、国家与社会（复旦政治学评论第 3 辑）》，第 88 页。

④张力、常士訚：《国家建构与民族建构：多族群国家政治整合两要务》，《东南学术》2015 年第 6 期。

截了当地指出，国族建构的本质是国民共同体或国家共同体建设。[①]综上可见，国族建构旨在塑造与维护民族国家的共同体形象，而铸牢中华民族共同体意识与之契合。铸牢中华民族共同体意识，就是要引导各族人民牢固树立“四个与共”的共同体理念。

其二，铸牢中华民族共同体意识与国族建构的内容相契合。安东尼·D. 史密斯（Anthony D. Smith）认为，国族建构的中心与重点是一系列主观性要素的生长、培育与传递，这些要素主要包括象征符号、神话、记忆、传统、仪式、价值观以及和权力相连的一些态度、理解和情感等。[②]从 2021 年中央民族工作会议精神来看，铸牢中华民族共同体意识方面的诸多阐述——如“坚持正确的中华民族历史观，增强对中华民族的认同感和自豪感”“高举中华民族大团结旗帜，促进各民族在中华民族大家庭中像石榴籽一样紧紧抱在一起”“构筑中华民族共有精神家园，使各民族人心归聚、精神相依，形成人心凝聚、团结奋进的强大精神纽带”“促进各民族广泛交往交流交融，促进各民族在理想、信念、情感、文化上的团结统一，守望相助、手足情深”[③]等，都具有非常明确的国族建构色彩。

其三，铸牢中华民族共同体意识与国族建构的功能相契合。国族建构旨在形塑全体国民对国家的认同与忠诚。在党中央提出中华民族共同体概念之后，学界很快在“中华民族共同体意识的核心就

---

①曹正汉：《“强政权、弱国家”：中国历史上一种国家强弱观》，《开放时代》2019 年第 2 期。

②安东尼·D. 史密斯：《全球化时代的民族与民族主义》，第 107 页。

③《以铸牢中华民族共同体意识为主线 推动新时代党的民族工作高质量发展》。

是认同问题”这一本质论断上达成共识。[①] 哈正利等人直接指出，中华民族共同体意识就是在历史与实践中所取得的一致性或共识性的集体身份认同。[②] 郎维伟等人认为，“五个认同”是凝聚共同体意识的最大公约数和统领性要素。[③] 2021 年中央民族工作会议指出：“必须以铸牢中华民族共同体意识为新时代党的民族工作的主线，推动各民族坚定对伟大祖国、中华民族、中华文化、中国共产党、中国特色社会主义的高度认同，不断推进中华民族共同体建设。”[④] 也就是说，铸牢中华民族共同体意识旨在提升全国各族人民的“五个认同”，尽显其国族建构的定位。

对于民族国家而言，“以国家建设来组织国家政权、以国族建构来实现国民团结”是常规选择。中华人民共和国成立后，面对复杂的历史与现实因素，中国共产党将民族区域自治制度确立为基本政治制度来解决多民族国家的政治架构问题，以民族团结来解决国家内部的国民凝聚问题。可以说，这种多民族国家建设策略一方面尊重了我国统一多民族国家的基本国情，另一方面深刻体现了马克思主义民族理论的基本原则，构成了中国特色解决民族问题正确道路的基本框架。在这样的背景之下，中国是否还需要推进国族建构由两方面的因素决定，一是中国是不是民族国家，二是民族团结是否可以完全替代国族建构。对于第一个问题，前文已经分析指出，

---

①王文光、徐媛媛：《中华民族共同体意识形成与发展的历史过程研究论纲》，《思想战线》2018 年第 2 期。

②哈正利、杨胜才：《中华民族共同体意识基本内涵探析》，《民族问题研究》2017 年第 4 期。

③郎维伟、陈瑛、张宁：《中华民族共同体意识与“五个认同”关系研究》，《北方民族大学学报》（哲学社会科学版）2018 年第 3 期。

④《以铸牢中华民族共同体意识为主线 推动新时代党的民族工作高质量发展》。

民族结构多元复杂的国家同样可以是民族国家。对于第二个问题，民族团结话语更多的注意力在于解决多民族国家中民族与民族之间的关系以及民族与国家之间的关系，而国族建构话语则致力于解决民族国家中的国家民族与国家之间的关系。铸牢中华民族共同体意识最突出的理论与实践意义，就在于它尝试去彻底解决国家民族与国家的关系问题。

铸牢中华民族共同体意识国族建构话语的意义何在？概括而言有三大功能。一是国族建构话语对民族团结话语形成了有效补充。“作为现代民族的中华民族，是56个民族组成的多族聚合体，也是全体国民构成的国民共同体。铸牢中华民族共同体意识的政策议程，仅从加强民族团结的路径来推进是不够的，还须从增强国民意识的路径来推进。”[①] 从这个角度而言，铸牢中华民族共同体意识的国族建构话语是中华民族基本结构的内在要求，可以为传统民族团结话语提供进一步的支撑与补充。二是国族建构话语体现了铸牢中华民族共同体意识的现实回应性。在两个大局的时代背景之下，对内要支撑中华民族伟大复兴战略全局，对外要迎接世界百年未有之大变局，中华民族绝不能是一个松散的民族联合体，而必须是一个坚强的民族共同体。从国族建构的高度去推动铸牢中华民族共同体意识就是这种时代性的要求，旨在将中华民族锻造成为一个凝聚力很强、包容性很强、战斗力很强的命运共同体。三是国族建构话语可以有效提升构建民族事务治理体系和治理能力现代化水平。国族建构话语将新时代党的民族工作与国族建构关联起来，与国家建设协同起来。加强和完善党对民族工作的全面领导，坚持和完善民族

①周平：《铸牢中华民族共同体意识的双重进路》，《学术界》2020年第8期。

区域自治制度，依法处理民族事务，坚决维护国家主权、安全、发展利益，坚决防范民族领域重大风险隐患，这些举措都可以有效提升民族事务治理能力和治理现代化水平。

国族建构话语有助于挖掘中华民族共同体意识的理论创新意义，有助于指导中华民族共同体建设的实践工作。然而从国族建构角度去认识铸牢中华民族共同体意识也面临不少的挑战，主要表现在以下几个方面。首先是理论合法性。在中国这个多民族国家是否属于民族国家问题上长期以来存在激烈的争论，从目前来看尚未看到平息的趋势。不彻底平息这场争论并得出中国是民族国家的结论，铸牢中华民族共同体意识的国族建构话语就没有理论合法性可言。其次是政治合法性。能否将国族建构话语与中国特色解决民族问题正确道路有机衔接，直接决定着其政治合法性的获得。再次是话语合法性。民族团结是中国民族理论与民族政策的主流话语，在铸牢中华民族共同体意识这一主题上，如何处理民族团结话语与国族建构话语的关系，使得两者相互支撑而不出现冲突，决定了国族建构是否能够取得话语合法性。

三、铸牢中华民族共同体意识的共同体建设话语

在中华民族共同体的相关表述中，“共同体”具有中心词与元概念的属性，决定了复合而成的最终概念之意涵所在，[①] 但现实中真正从共同体的理路展开深入研究的文献则相对较少。事实上，无论是忽视共同体的独特意涵还是对共同体意涵的简单化理解，显然

①青觉、徐新顺：《中华民族共同体意识：概念内涵、要素分析与实践逻辑》，《民族研究》2018 年第 6 期。

都不利于对中华民族共同体完整意涵的全面把握。在2020年12月全国政协民族和宗教委员会召开的宗教界主题协商座谈会上，汪洋同志提出要持续加强理论和政策研究，把与铸牢中华民族共同体意识相关的一系列问题搞清楚。[①] 从共同体的视域出发深入挖掘铸牢中华民族共同体意识的意涵，正是当前相关领域的理论薄弱环节之一。

如果将“中华民族共同体意识”的表述拆解开来，民族团结话语更侧重于关注“意识”，视其为民族团结意识的构建；国族建构话语更侧重于关注“中华民族”，视其为国家民族的构建；共同体建设话语则侧重于关注“共同体”，尝试从共同体建设的角度来思考中国的民族问题。与铸牢中华民族共同体意识的民族团结话语和国族建构话语相比，共同体建设话语有如下几个特点：第一，共同体建设话语是一个开放的体系。如果说民族团结话语植根于民族学学科，国族建构话语主要关联于政治学学科，那么共同体建设话语则是一个相对开放的体系，亟待包括民族学、政治学、历史学、社会学、经济学、心理学等诸多哲学社会科学学科共创理论话语体系。第二，共同体建设话语是一个初创的体系。民族团结话语是中国共产党民族理论与民族政策的主流话语体系，国族建构话语有深厚的学理基础与全球实践作支撑，而共同体建设话语则与党的十八大以来着重强调的命运共同体理念息息相关。自2014年党中央首次提出中华民族共同体意识以来，不过才七八年的光景，该理念是一个前景光明但仍然在理论和实践上处于起步阶段的话语体系。第三，共同体建设话语是一个基础的体系。共同体建设是一项基础性

①《汪洋出席全国政协民宗委主题协商座谈会》，《光明日报》2020年12月3日第3版。

工程，可以为民族团结、国族建构等具体政治目标的实现提供柔性支撑。例如，共同体具备“彰显集体价值、塑造群体团结、获取安全感、提供意义感”四大基本功能。[①] 一旦吸纳了共同体建设话语，民族团结话语和国族建构话语就可以利用这些极富价值的基本功能强化自身话语体系。

从共同体建设的视角来理解铸牢中华民族共同体意识，有必要将其与人类命运共同体的理念关联起来。“中国解决民族问题、建设中华民族命运共同体的理念，与中国参与全球治理、倡导人类命运共同体的理念是一致的”。[②] 一些学者将“人类命运共同体意识”与“中华民族共同体意识”合并简称为“两个共同体意识”，也体现了他们对两者理念一致性的认知。[③] 自党的十八大报告提出“倡导人类命运共同体意识”以来，共同体理念已经成为习近平治国理政思想的核心关键词之一。习近平总书记在多个国际、国内政治场合对其内涵进行了系统而深刻地阐述。[④] 人类命运共同体的主旨思想就是，全人类是一个你中有我、我中有你的命运共同体，大家的前途命运紧密相连，只有协商共建、互利共享、合作共赢才能确保全人类拥有光明的前途。事实上，如果说人类命运共同体阐述了中

---

①郝亚明：《共同体视域下的中华民族共同体建设》，《中央民族大学学报》（哲学社会科学版）2022 年第 4 期。

②郝时远：《改革开放四十年民族事务的实践与讨论》，《中央社会主义学院学报》2018 年第 4 期。

③马俊毅：《中华民族共同体与人类命运共同体视角下的民族研究》，《贵州民族研究》2019 年第 11 期；张三南：《“两个共同体理念”与马克思主义民族理论中国化》，《学术界》2020 年第 1 期；周少青：《论两个共同体理念的世界意义》，《西北民族研究》2020 年第 2 期。

④习近平：《文明交流互鉴是推动人类文明进步和世界和平发展的重要动力》，载《习近平外交演讲集》第一卷，中央文献出版社，2022，第 96—104 页。

国共产党的国际观，指引着中国对世界格局的理解和全球治理的参与，那么中华民族共同体则表述了中国共产党的国家观，决定着中国对多民族国家建设的理念认识与路径选择。人类命运共同体的理念对于我们深刻理解与切实铸牢中华民族共同体意识具有很强的启示与对照意义。

共同体建设话语的核心观点是，铸牢中华民族共同体意识旨在将中华民族打造成为一个全方位的命运共同体，为中华民族伟大复兴提供坚强的国民凝聚力保证。当前铸牢中华民族共同体意识的共同体建设话语大致有三个方向。

第一个是从不同领域来论证中华民族的共同体性质。比较常见的是通过学理分析和事实支撑的方式来论证中华民族是政治共同体、经济共同体、文化共同体、社会共同体、历史共同体、心理共同体等。该类型研究还延伸到如何从实践中去推进这些共同体的建设。例如，推动各民族共同走向社会主义现代化，各民族共同团结奋斗、共同繁荣发展等可以与经济共同体和命运共同体建设关联起来；加强和完善党对民族工作的全面领导、坚持和完善民族区域自治制度等可以与政治共同体建设关联起来；构筑中华民族共有精神家园、正确把握中华文化与各民族文化关系等可以与文化共同体建设关联起来；推动各民族交往交流交融、各民族相互嵌入式社会结构与社区环境可以与社会共同体关联起来；坚持正确的中华民族历史观可以与历史共同体建设关联起来；等等。

第二个是结合共同体的构成要素来思考中华民族共同体建设问题。共同体概念内在蕴含着伦理、道德、价值、规则、情感、认同、秩序、安全、归属等诸多要素，对于中华民族共同体的理论发展和实践推进而言都有着很强的支撑意义。在哲学、社会学、政治学等学科的文献中，涉及共同体构成要素的相关表述大致有共同地域、共享价值、共有文化、共同信仰、共同道德、共同信念、共同理解、共通情感、共同利益、共同目标、公共利益、共同的善、共有认同、共同归属、共同身份等。[1]一方面，这些构成要素直接为中华民族共同体建设提供了方向指引；另一方面，诸多构成要素可以提炼升华为共享价值、共通情感、共同利益、共有身份等几个核心联结纽带，这也说明价值共同体、情感共同体、利益共同体、身份共同体是中华民族共同体建设中亟待关注的重要维度。

第三个是结合共同体的内在意涵来探讨铸牢中华民族共同体意识。例如，共同体与共同性有着深刻的关联，后者是前者存续的前提与基础，因此铸牢中华民族共同体意识必须注重从增进共同性的方向来开展工作。正确处理共同性与差异性的关系是铸牢中华民族共同体意识的关键性问题，这其实也是共同体建设普遍面临的问题。又如，在共同体研究中长期存在着两方面的张力：一是归属与自由两种价值何者优先，二是集体与个体两种主体何者优先。这在某种程度上也会成为铸牢中华民族共同体意识时需要着力解决的问题。再如，共同体概念内在蕴含着诸多的积极情感和道义正当性，[2]共同体理念具有促成集体优先、群体团结的实践导向，那么我们在铸牢中华民族共同体意识时该如何充分运用？此外，共同体理论还提出，共同体建设需要注重对个体安全感和意义感的满足，这同样是铸牢中华民族共同体意识时需要积极回应的问题。2021 年中央民族工作会议的主题为“以铸牢中华民族共同体意识为主线，推动新

①郝亚明：《中华民族共同体建设的三个维度》，《西北民族研究》2021 年第 1 期。

②齐格蒙特·鲍曼：《共同体：在一个不确定的世界中寻找安全》，欧阳景根译，江苏人民出版社，2003，《序曲，或是欢迎捉摸不透的共同体》第 1—2 页。

时代党的民族工作高质量发展”，其实会议精神很多内容都与共同体的理论意涵关联紧密。

对于中国民族理论与民族政策的话语体系构建而言，铸牢中华民族共同体意识的共同体建设话语最具创新性，最有利于挖掘铸牢中华民族共同体意识的理论内涵，最有利于发掘更有超越性与本质性的多民族国家建设思路。2021 年中央民族工作会议高度重视正确把握共同性和差异性的关系，一方面提出“按照增进共同性的方向改进民族工作”，另一方面又要求“尊重和包容差异性”，这些都是共同体建设话语的典型体现。随着“四个共同”“九个坚持”“四个与共”“十二个必须”等政策理论表述的陆续提出，共同体建设话语的内涵正在不断丰富，体系正在不断构建。中国的哲学社会科学正在积极为共同体建设话语添砖加瓦。例如，民族学回答“为什么是”的问题，为中华民族共同体提供学理支撑；历史学回答“从哪里来”的问题，为中华民族共同体提供历史依据；政治学回答“为什么要”的问题，阐明铸牢中华民族共同体意识的功能价值；心理学回答“是什么”的问题，厘清中华民族共同体意识的内涵与本质；社会学回答“怎么办”的问题，从社会结构和社会互动的层面推动铸牢中华民族共同体意识。[①] 但与此同时我们还应该看到，共同体建设话语也面临着不少挑战，它当前还只是呈现为一个松散的研究方向，在理论性与系统性方面有待加强，在学科支撑与理论基础方面也有待进一步挖掘。

---

①郝亚明：《铸牢中华民族共同体意识亟待多学科共创理论话语体系》，《民族学刊》2021 年第 10 期。

四、小结与思考

自2014年第二次中央新疆工作座谈会首次提出“中华民族共同体意识”以来，理论界围绕这一概念展开了积极的学术探索，形成了大量的研究成果。在如何正确认识和准确定位铸牢中华民族共同体意识这个根本性问题上，这些成果大致呈现出“民族团结策略”“国族建构手段”“共同体建设方案”三种话语趋向。一方面，三种理论话语趋向彼此之间并无根本性冲突，共同丰富和完善了对铸牢中华民族共同体意识的理论认识；另一方面，三种理论话语趋向之间还体现出不同的认识角度和阐述重点，也各自存在着自身优势与不足。

首先，民族团结话语将铸牢中华民族共同体意识视作民族团结策略，既着力强调其与中国共产党既有民族理论之间的延续性，也承认其拓展了新时代党的民族工作的方向与思路。这种话语趋向的优势是将铸牢中华民族共同体意识与中国特色解决民族问题正确道路无缝衔接，其不足是可能导致理论阐释与实践推进上的路径依赖，难以全面挖掘铸牢中华民族共同体意识的理论与实践意义。

其次，国族建构话语将铸牢中华民族共同体意识视作国族建构手段，认为铸牢中华民族共同体意识突破了“重国家建设、轻国族建构”的多民族国家建设路径。这种话语趋向的优势是有效回应中华民族伟大复兴的战略需求及新时代党的民族工作的阶段性特征，其不足主要体现为难以回避学界在统一多民族的中国是不是民族国家这一长久的争论中，同时也面临着与主流话语体系的对接问题。

最后，共同体建设话语将铸牢中华民族共同体意识视作命运共同体建设方案，认为中华民族命运共同体建设可以超越现有路径，从根本上解决多民族国家国民凝聚问题。这种话语趋向作为一种全新的话语方式，最有利于全方位发掘铸牢中华民族共同体意识在理论与实践上的创新性，其不足则在于这种话语在理论基础和学科支撑上相对薄弱。

铸牢中华民族共同体意识作为习近平总书记的重大原创性论断，在其被确立为新时代党的民族工作主线的背景之下，更需要学界以开放的心态去进行理论话语体系构建。从目前的研究现状来看，三种话语趋向还需要更多的磨砺与积累才能形成有解释力的话语体系。一方面，我们需要找准理论薄弱环节开展研究，针对实践急需解决的问题开展研究，致力于构建一套理论与实践相结合的话语体系；另一方面，我们需要凝聚多学科的理论、方法与视野，积极与社会科学相关主流理论进行借鉴对话，致力于形成一套开放有效的理论话语体系。

话语不仅是信息、观念、意识形态得以表达和传播的载体，还是改造和建构世界的工具。[①] 在某种意义上，这就是当下中国哲学社会科学高度重视理论话语体系建设的根本原因。铸牢中华民族共同体意识的民族团结、国族建构、共同体建设等话语趋向的交融互动，不仅丰富了中国特色解决民族问题正确道路的理论内涵，也推动了中华民族共同体建设的实践进程。以 2021 年中央民族工作会议提出的“十二个必须”为例，都与本文所论及的三种话语趋向之间存在特定的对应关系。而在民族工作实践方面，不少地区正在积极推动铸牢中华民族共同体意识示范区、模范区的创建工作，也体现了相关话语体系的指引性与感召力。

①郝亚明、赵俊琪：《“中华民族共同体”：话语转变视角下的理论价值与内涵探析》，《北方民族大学学报》（哲学社会科学版）2018 年第 3 期。

“铸牢中华民族共同体意识”政策议程设置研究

——基于多源流理论模型的分析[①]

2021年中央民族工作会议明确提出，必须以铸牢中华民族共同体意识为新时代党的民族工作的主线，不断推进中华民族共同体建设。会议还进一步指出，铸牢中华民族共同体意识是新时代党的民族工作的“纲”，所有工作要向此聚焦。[②]这事实上标志着铸牢中华民族共同体意识已由探索探讨阶段迈入实践推进阶段。回顾已有文献，学界从民族学、政治学、哲学、社会学、心理学等诸多学科视角对铸牢中华民族共同体意识的学理依据、主要内涵、重大价值、实践路径等问题进行了广泛探讨，但从公共政策视角对“铸牢中华民族共同体意识”政策议程设置过程进行探究的文献相对较少。公共政策体现国家整体战略和政治价值需要，也反映社会公共问题和公共管理技术的有机结合，因而对一国或地区经济社会的持续和健

① 本文原发表于《学术界》2022年第6期。第二作者秦玉莹系南开大学周恩来政府管理学院博士研究生。

② 《以铸牢中华民族共同体意识为主线 推动新时代党的民族工作高质量发展》，《人民日报》2021年8月29日第1版。

康发展起着至关重要的作用。[①]公共政策的出台不是一蹴而就的，而是长期酝酿、逐步推进的结果。作为党和国家新时代民族工作的重大战略部署，铸牢中华民族共同体意识是如何出台的？其主线地位是如何确立的？基本背景是什么？具体指向是什么？诸如此类问题的深度探讨具有极强的理论意义与现实价值。

美国著名学者约翰·W.金登（John W. Kingdon）提出的多源流理论模型，是研究公共政策议程设置的经典分析工具，其重要价值在于打开政策产生过程这一“黑箱”。国家政策制定具有复杂性、模糊性和动态性的特征，多源流理论分析方法的强有力之处在于它既能引入数学和语言公式，也可以在组织理论、政策研究、心理学、社会学、生物学和政治科学之间进行价值判断。[②]多源流理论认为，政策议程设置是由彼此相互独立的问题源流（problem stream）、政策源流（policy stream）、政治源流（politics stream）在关键时间点打开政策之窗，然后有机耦合的过程（如图1）。当三条源流交汇时，便会出现大的政策变化。[③]问题源流包含一些亟待政府解决的问题，这些问题通过指标数据、焦点事件和政策信息反馈被参与者识别出来。政策源流由政策共同体提出的意见主张形成“政策原汤”，经由“软化”阶段，筛选出符合标准的政策建议和备选方案集合。政治源流由政党意识形态、国民情绪和国家关键职能部门调整组成。三条源流具有不同的动力机制和识别规则。对照多源

①陈振明、薛澜：《中国公共管理理论研究的重点领域和主题》，《中国社会科学》2007年第3期。

②保罗·A.萨巴蒂尔编《政策过程理论》，彭宗超、钟开斌等译，生活·读书·新知三联书店，2004。

③约翰·W.金登：《议程、备选方案与公共政策》第二版，丁煌、方兴译，中国人民大学出版社，2004，第20页。

流理论分析条件，“铸牢中华民族共同体意识”政策议程设置过程具有多源流理论模型中分析一般议程设置时所含的关键要素，契合多源流理论框架分析的内在逻辑。以多源流理论模型对“铸牢中华民族共同体意识”政策议程设置进行分析，可以探寻“铸牢中华民族共同体意识”政策议程设置的背景起源，以此挖掘其核心内涵导向，并探寻未来推进之策。

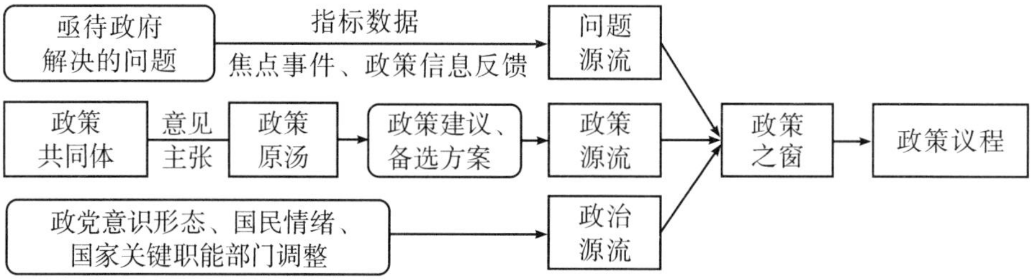

图 1　多源流理论分析框架图

一、问题源流

问题源流揭示“问题是如何引起决策者注意的”。问题可通过指标数据变化、政策信息反馈和重大焦点事件进行识别，问题的界定会受到价值观影响。2014 年中央民族工作会议指出当前我国民族工作面临着“五个并存”阶段性特征，这实际上指明了铸牢中华民族共同体意识提出的问题背景。根据历次重要民族工作会议总结提炼，“铸牢中华民族共同体意识”政策议程设置中的问题源流包含共同性和差异性关系失衡、社会结构中族际区隔明显、国家认同与民族认同呈现张力、国内外意识形态安全受到威胁等问题。

（一）共同性和差异性关系失衡

“共同性”和“差异性”关系失衡的本质是“一”与“多”的

关系问题。[1] 这一问题表现在理论界与实务界对各民族的差异性关注较多，对共同性关注较少。针对学术研究中的这种问题，费孝通、陈连开等曾明确指出：“中国的民族研究限于少数民族，势必不容易看到这些少数民族在中华民族整体中的地位，以及它们和汉族的关系。”[2] 综观地方民族工作实践，也存在此类问题。例如，一些地方在旅游开发中把各民族共创的地域性文化划定为特定民族所有，或是单纯注重历史文物的旅游经济价值，而忽视其增进各民族共同性认同的民族团结进步教育作用。民族工作实践中强化民族差异性或是忽视民族共同性的做法，容易在各族人民潜意识中加深本民族的身份意识和族际边界感。2014 年中央民族工作会议着重强调“一体”与“多元”是“主线”和“要素”关系；2021 年中央民族工作会议内容更是直接指明要“按照增进共同性的方向改进民族工作”。这些重要政策论述均是对共同性和差异性关系失衡问题的精准聚焦与政策回应，是对处理共同性和差异性工作原则与态度的阐明，是对消解共同性和差异性关系失衡矛盾目标的设立。

（二）社会结构中族际区隔明显

社会结构中族际区隔明显的问题表现在民族社会结构分层和民族心理距离有待缩减上。马戎从我国的行政区划、学科设置、学校制度、文化娱乐等不同角度指出了汉族和少数民族之间的二元结构存在，[3] 并且指出政府统计资料和学者社会调查中所反映出的族群

---

①郝亚明：《从政治定位来深化对铸牢中华民族共同体意识的认识》，《西南民族大学学报》（人文社会科学版）2021 年第 8 期。

②费孝通：《费孝通全集　第十三卷（1988—1991）》，内蒙古人民出版社，2009，第 323 页。

③马戎：《中国社会的另一类“二元结构”》，《北京大学学报》（哲学社会科学版）2010 年第 3 期。

间收入差距，主要是源于各民族在产业结构、教育结构、职业结构上的区隔问题。[①]此外，也有学者基于量表分析的方式，对维汉民族的心理距离进行测量，指出维汉民族间的心理距离有待进一步缩减。[②]概而言之，不同程度的族际区隔问题都容易固化族际边界，过度强化民族身份意识，不利于巩固民族团结。长期以来政策文本中一直强调的推动各民族交往交流交融正是在回应此类问题。近年来，居住在城市和散居地区的少数民族人口已经超过少数民族总人口的1/3，少数民族流动人口已增长至3000多万人，各民族间的政治、经济、文化、社会联系比以往任何时候都更加紧密。[③]以推动民族交往交流交融作为铸牢中华民族共同体意识的根本途径，是我国正确化解民族社会结构区隔的科学体现。

（三）国家认同和民族认同呈现张力

国家认同与民族认同张力问题一直是多民族国家建设中的焦点问题，此种张力会消解多民族国家的合法性和内聚力。基于这一判断，不同国家均在探索增强国家认同的有效政策。对我国而言，同样存在这一问题。我国作为统一多民族国家，正确把握民族意识与各民族意识之间的关系，有效处理国家认同与民族认同之间的张力，对于维护国家统一、民族团结、社会和谐至关重要。同时，国外反华势力通常以民族问题为借口，挑拨我国民族和谐关系，企图干涉我国内政，并利用国家认同和民族认同张力影响我国各民族团

①马戎：《经济发展中的贫富差距问题——区域差异、职业差异和族群差异》，《北京大学学报》（哲学社会科学版）2009年第1期。

②戴宁宁：《维汉民族交往中的“民族心理距离”解析》，《新疆社会科学》2011年第5期。

③尤权：《做好新时代党的民族工作的科学指引 学习贯彻习近平总书记在中央民族工作会议上的重要讲话精神》，《中国民族》2021年第11期。

结统一。近些年国外反动势力策划的民族冲突事件频发，也愈加凸显了增强各族民众国家认同的重要性。事实证明，在多民族国家建设中，当民族认同高于国家认同时，便会有损国家稳定和民族发展。只有多民族形成较高程度的国家认同，国家才能统一稳定，并成为多民族共同繁荣发展的强大政治屋顶。就此而言，我国政策文本中反复强调的爱国主义教育、铸牢中华民族共同体意识与“五个认同”等政策理念，某种程度上是对国家认同与民族认同张力的回应，也是对现实解决路径的清晰指引。

（四）国内外意识形态安全威胁

历次重要民族工作会议对国家意识形态安全问题的强调，表明国内外意识形态安全威胁是长期存在的。2021 年中央民族工作会议指出，要坚决防范民族领域重大风险隐患，要守住意识形态阵地，积极稳妥处理涉民族因素的意识形态问题，持续肃清民族分裂、宗教极端思想流毒。① 这可以视为国家对民族领域意识形态安全问题一锤定音的态度回应和政策总结，体现了我国对这一问题的重点关注和积极应对。民族领域的风险隐患威胁着国家主权和国家安全。守住意识形态阵地，是我国立足于国内外大局，应对国内外风险挑战的重要利器。近年来，西方敌对势力总是利用民族、宗教、人权等问题干涉我国内政，图谋对我国进行“西化”和“分化”。② 纵观国内外两个大局，中华民族伟大复兴进程还面临众多的风险与挑战，其中敌对势力瓦解、分化、阻挠、破坏国家统一和主权完整的阴谋从未放弃，国内民族问题和边疆民族地区往往成为敌对势力阻

①《以铸牢中华民族共同体意识为主线 推动新时代党的民族工作高质量发展》。

②吴仕民主编《民族问题概论》，四川人民出版社、人民出版社，2011，第 193 页。

挠、遏制中国发展崛起的利用工具。[①]上述问题无一不在威胁着我国的国家主权和国家安全，无一不体现出在国际风险挑战中加固民族团结这一思想长城的重要性。

综上观之，问题源流呈现出我国民族工作面临的国内外形势双重挑战，并且问题源流中的诸多问题也存在相互交织、相互影响的关系。其中，共同性和差异性关系失衡是导致社会结构中的族际区隔，以及国家认同和民族认同出现张力的深层根源性因素，而国际上民族事务呈现出的复杂性和多样性问题，也在考验着我国解决民族事务的风险预警能力。如何加固多民族国家的内在凝聚力，凸显中华民族实为共同体的结构关系和重大价值是亟待解决的关键议题。

二、政策源流

政策源流包含政策共同体提出的政策建议和备选方案集合。政策共同体是由政府内外部专家学者、政府官员、新闻媒体等组成。他们提出一些意见和主张，经过听证会、演讲、宣传等“软化”阶段，向政府决策机关和社会公众传递自己的思想，最后具备技术可行性、符合价值标准和得到公众默许支持的政策思想成为政策建议和备选方案集合。“铸牢中华民族共同体意识”政策议程设置过程中包含着以专家学者和政府官员为代表的两类政策共同体，他们为“铸牢中华民族共同体意识”政策议程设置提供了理论推力和政策实践推力。

① 王延中：《铸牢中华民族共同体意识　建设中华民族共同体》，《民族研究》2018 年第 1 期。

（一）专家学者的学理推进

中华民族共同体概念提出以前，专家学者对民族问题的深入研究，存在学理争议与智识凝聚两股推进力量。在学理争议上，较早出现了“中华民族是不是汉族”“中华民族是一个”以及“中华民族是民族实体还是民族复合体”等学术大讨论。① 近年来，关于民族政策的发展方向，学界也出现了民族问题的“去政治化”②、民族政策的第二代转型 ③ 以及质疑民族区域自治制度的声音。对于学术界的争议性讨论，中央对此也有回应。例如，在 2014 年中央民族工作会议上，习近平总书记一锤定音——取消民族区域自治制度这种说法可以休矣。④ 此外，很多早期的相关研究也为政策制定提供了有益参考。例如谷苞先生对中华民族共同性的形成及发展进行了翔实地论证，揭示了各民族关系的内部机理。⑤⑥⑦ 费孝通先生基于历史学和考古学的学术梳理，提出了“中华民族多元一体格局”，⑧ 成为了民族工作制定及开展的学理依据。可以看出，无论是学理争

---

①郝亚明、赵俊琪：《“中华民族共同体”：话语转变视角下的理论价值与内涵探析》，《北方民族大学学报》（哲学社会科学版）2018 年第 3 期。

②马戎：《理解民族关系的新思路——少数族群问题的“去政治化”》，《北京大学学报》（哲学社会科学版）2004 年第 6 期。

③胡鞍钢、胡联合：《第二代民族政策：促进民族交融一体和繁荣一体》，《新疆师范大学学报》（哲学社会科学版）2011 年第 5 期。

④国家民委民族理论政策研究室编《中央民族工作会议精神创新观点面对面》，民族出版社，2015，第 44 页。

⑤谷苞：《论中华民族的共同性》，《新疆社会科学》1985 年第 3 期。

⑥谷苞：《再论中华民族的共同性》，《新疆社会科学》1986 年第 1 期。

⑦谷苞：《三论中华民族的共同性》，《西北民族研究》2007 年第 1 期。

⑧费孝通：《中华民族的多元一体格局》，《北京大学学报》（哲学社会科学版）1989 年第 4 期。

议，还是智识凝聚，都在交替助推着民族政策的发展。

自中华民族共同体概念提出以来，专家学者们也积极展开对这一概念内涵、价值意蕴和实践路径的热烈探讨。通过对中华民族共同体的关键词共现分析发现，中华民族共同体意识研究经历了从2010年至2013年的起始探索阶段，2014年至2016年的初步扩展阶段，以及2017年至2020年的快速跃升阶段。[①]不同专家学者分别从民族学、政治学、历史学、社会学、心理学等诸多学科视角展开对中华民族共同体的相关研究。例如，青觉等人对中华民族共同体的概念内涵、构成要素和实践逻辑进行了探讨；[②]王延中阐释了铸牢中华民族共同体意识对于维护国家统一、做好民族工作、决胜全面小康的重大意义；[③]郝时远深入分析了文化自信、文化认同与铸牢中华民族共同体意识之间的深度关联；[④]周平系统分析了中华民族的性质和特点[⑤]，强调了其在现代国家建构中的基石地位[⑥]。综上，学者们从不同角度揭示了中华民族作为共同体的实体内核、结构构成以及功能价值。上述多个方面的学理论证也回应了中华民族缘何成为共同体、为何是共同体以及如何加固共同体，为铸牢中华民族共同体意识提供了坚实的理论支撑。

①郝亚明、秦玉莹：《中华民族共同体意识研究的热点分析与路径演化——基于Citespace的知识图谱分析》，《中南民族大学学报》（人文社会科学版）2021年第2期。

②青觉、徐欣顺：《中华民族共同体意识：概念内涵、要素分析与实践逻辑》，《民族研究》2018年第6期。

③王延中：《铸牢中华民族共同体意识　建设中华民族共同体》。

④郝时远：《文化自信、文化认同与铸牢中华民族共同体意识》，《中南民族大学学报》（人文社会科学版）2020年第6期。

⑤周平：《中华民族的性质和特点》，《学术界》2015年第4期。

⑥周平：《中华民族：中华现代国家的基石》，《政治学研究》2015年第4期。

（二）中央顶层设计推动

多源流理论认为，政策建议和备选方案的形成是一个不断提出议案、讨论、修改，然后再提出的反复过程。[①]政策源流的政策产生是渐进式的，此过程是“柔软上升”的。[②]而政策推进是否稳定受到政策共同体内部紧密性的影响。

从多源流理论框架来看，中央顶层设计的推力具有渐进性和稳定性两个特征。在政策设计推进过程中表现出党中央对民族工作的整体布局和目标指引。一方面，从新中国成立初始，我国为实现各民族平等、民族团结和各民族共同繁荣发展，制定了较为全面的民族政策。随着时代发展变化，历代中央集体均在结合民族工作实际的基础上对民族工作重心做出调整，并且取得了诸多成就。党的十八大以来，党中央提出中华民族伟大复兴战略，凸显了国家、民族、人民三者命运紧密相连的共同体思想，也成为后来推进铸牢中华民族共同体意识的宏观战略背景。2014 年习近平总书记在中央民族工作会议上指出：“我们要高举各民族大团结的旗帜，坚持绵绵用力、久久为功，把加强民族团结作为战略性、基础性、长远性工作来做。”[③]就此而言，“中华民族共同体意识”从“牢固树立”“积极培养”“大力培育”再到“铸牢”，而后成为新时代党的民族工作的主线的发展过程，体现的正是“绵绵用力、久久为功”，顺应民心、反馈民心和争取民心的战略思想（如图 2）。2021 年中央民族

①曾令发：《政策溪流：议程设立的多源流分析——约翰·W. 金登的政策理论述评》，《理论探讨》2007 年第 3 期。

②保罗·A. 萨巴蒂尔编《政策过程理论》，第 113 页。

③中共中央文献研究室编《习近平关于社会主义政治建设论述摘编》，中央文献出版社，2017，第 152 页。

工作会议指出，铸牢中华民族共同体意识的“四个必然要求”，即“维护各民族根本利益的必然要求”“实现中华民族伟大复兴的必然要求”“巩固和发展平等团结互助和谐社会主义民族关系的必然要求”“党的民族工作开创新局面的必然要求”，更是清晰指明了中央顶层设计推动铸牢中华民族共同体意识的重要归因，其中包含着对现实问题的回应和对长远战略目标的推进。

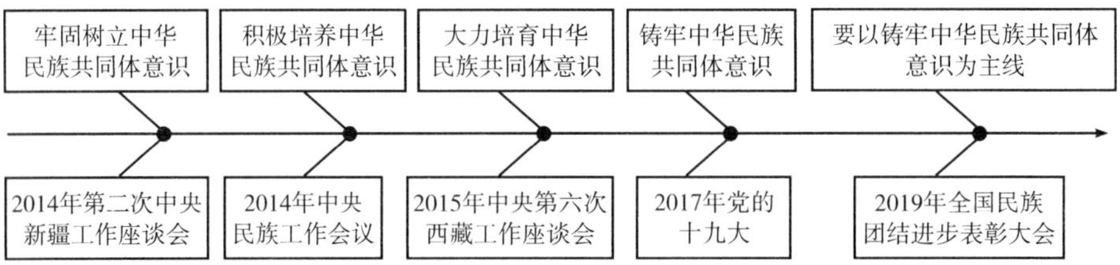

图 2　铸牢中华民族共同体意识政策表述发展时间轴

另一方面，政府内部政策共同体的紧密性保障了政策制定的稳定性。有学者通过对 1978—2016 年国家民委独立或联合下发的 254 份政策文件进行分析后指出，民委委员制对于民族事务部门间的合作关系发挥了积极的作用。[①] 由党委主管统一战线工作的统战部，也为党统筹民族工作大局、协同民族工作管理提供了坚实的组织保障。[②] 民族事务相关部门之间的协调联动不仅加强了政策共同体的内部紧密性，也保证了民族政策推进的连贯性和协同性。

一般来看，公共政策文本的形成程序与公共政策的一般过程相对应。[③] 在 2019 年铸牢中华民族共同体意识确立为新时代党的民族

①郝亚明、赵俊琪：《民族事务部际合作的制度设计与实践效果——基于国家民委联合发文的视角》，《西北民族研究》2018 年第 4 期。

②《中国共产党统一战线工作条例》，人民出版社，2021，第 9 页。

③任弢、黄萃、苏竣：《公共政策文本研究的路径与发展趋势》，《中国行政管理》2017 年第 5 期。

工作主线之前，“中华民族共同体意识”相关政策具有较强的连贯性，可以看出其“柔软上升”的渐进发展过程。在2014年“中华民族共同体意识”这一核心概念提出后，相关议题便开始散见于部分政策文本中，政策话语表述为“积极培育中华民族共同体意识”和“打牢中华民族共同体的思想基础”等，其内容涵盖培育中华民族共同体意识的参与主体、培育内容、实践方式、重要目标及意义，但是尚未形成专门性的指导文件（如表1）。因此，这一阶段可以视为“中华民族共同体意识”议题提出、初步探索阶段。

表1 中华民族共同体意识相关政策文件及内容

序号	政策文件名	所含“中华民族共同体意识”相关内容
1	2014年《关于加强和改进新形势下民族工作的意见》	要积极培育中华民族共同体意识，引导各族干部群众深刻认识中国是全国各族人民共同缔造的国家……
2	2015年《国务院关于加快发展民族教育的决定》	打牢各族师生中华民族共同体思想基础……积极培育和践行社会主义核心价值观……建立民族团结教育常态化机制……
3	2015年《中国共产党统一战线工作条例（试行）》	坚持打牢中华民族共同体的思想基础……依靠各民族共同力量实现中华民族伟大复兴……积极培育中华民族共同体意识……
4	2016年《国务院关于印发“十三五”促进民族地区和人口较少发展规划的通知》	培育中华民族共同体意识……引导各族群众牢固树立“三个离不开”思想，不断增强“五个认同”……创新民族团结进步宣传理念……加强民族教育领域意识形态安全建设……民族团结更加巩固……中华民族共同体意识深入人心……

续表

序号	政策文件名	所含“中华民族共同体意识”相关内容
5	2017 年《国家教育事业发展“十三五”规划》	着力加强爱国主义教育……广泛开展民族团结进步教育，强化“五个认同”和“三个离不开”思想，促进各族学生交往交流交融，筑牢各族师生中华民族共同体思想基础……
6	2017 年《兴边富民行动“十三五”规划》	不断巩固和发展民族团结进步事业……深入开展爱国主义和民族团结宣传教育……培育中华民族共同体意识和国家意识……不断增强维护民族团结和国家统一、反对民族分裂……
7	2017 年《中国共产党章程》	中国共产党维护和发展平等团结互助和谐的社会主义民族关系……帮助少数民族和民族地区发展经济、文化和社会事业，铸牢中华民族共同体意识，实现各民族共同团结奋斗、共同繁荣发展……
8	2018 年《国务院关于落实〈政府工作报告〉重点工作部门分工的意见》	加强各民族交往交流交融，让中华民族共同体的根基更加坚实、纽带更加牢固……
9	2018 年《社会主义学院工作条例》	社会主义学院应当深入研究中华文化的历史渊源……为铸牢中华民族共同体意识提供支持……
10	2019 年《国务院关于落实〈政府工作报告〉重点工作部门分工的意见》	全面贯彻党的民族政策……坚持和完善民族区域自治制度，深化民族团结进步教育，铸牢中华民族共同体意识……

注：本表格参考于春洋的《“铸牢中华民族共同体意识”政策话语的发展脉络与构建逻辑》(《探索》2022 年第 1 期）一文整理而成。

2017年党的十九大报告提出"铸牢中华民族共同体意识",[①] 并将其写入党章,其重要性得以强烈凸显,这标志着"铸牢中华民族共同体意识"政策话语规范表述形成。从相关政策文本中可以看出,"铸牢中华民族共同体意识"不仅成为民族工作的阶段性目标,也明确成为学理研究的重要性内容。这一阶段可以视为对铸牢中华民族共同体意识的政策细化、逐步推进阶段。

此外,从"铸牢中华民族共同体意识"相关政策的横向协同性来看,在铸牢中华民族共同体意识被确立为主线之前,政策之间已呈现出全面布局且具有环环相扣之意。例如,表明中华民族实体性和一体性的政策表述有"中华民族大家庭""中华民族共同体""石榴籽";对于支撑中华民族共同体理念相关的社会结构、事实依据、历史依据、主要内容的论述有"中华民族多元一体格局""三个离不开""四个共同""五个认同"等;对于铸牢中华民族共同体意识实践推进的政策安排有"构建中华民族共有精神家园"的文化路径,"打牢各族师生中华民族共同体思想基础"的教育路径,"构建各民族相互嵌入式的社会结构和社区环境""民族团结进步创建工作"等社会路径。同时,上述政策理念也体现着各民族共同发展的同一目标,即"中华民族伟大复兴""共同团结奋斗、共同繁荣发展"。可以说,全景式政策布局奠定了铸牢中华民族共同体意识战略工作的社会基础和思想基础。

综观铸牢中华民族共同体意识的政策发展过程和学界研究趋势可以看出,二者具有较强的同步性,这更体现了我国政策共同体内

① 《党的十九大报告辅导读本》编写组:《党的十九大报告辅导读本》,人民出版社,2017,第39页。

部的紧密性。“铸牢中华民族共同体意识”政策议程的政策建议和备选方案集合，具有学理性研究和中央顶层设计两股推进力量。学理性研究为“铸牢中华民族共同体意识”政策提供了理论支持；顶层设计经历了历时性的纵向推进和横向的政策协同布局，体现了议程稳定和共同取向。从议题提出之时起，铸牢中华民族共同体意识所需的政治、经济、文化、社会、教育、心理、法律等方面的政策条件支持均已做好了广泛和全面的准备。在此过程中也完成了铸牢中华民族共同体意识作为公共政策的价值合理性检验、公众群体性支持和其内在科学性论证，并形成了推动铸牢中华民族共同体意识的良好社会氛围。

三、政治源流

政治源流中包含着政党意识形态、国民情绪的推动和国家关键职能部门的调整。政党意识形态一定程度上决定了政策体现的价值取向。民族政策的价值取向，是民族政策的真正本质所在，是民族政策的精神实质所在；① 国民情绪也被誉为“政治气候”，经常通过公众舆论的导向所表现出来，代表着普遍民意；国家关键职能部门的调整体现着国家的施政理念，尤其是在机构改革中蕴含着党的治国理念。

（一）马克思主义民族理论的指导地位

多源流理论认为，政党的意识形态是影响政策议程设置的关键因素。马克思主义民族理论是马克思主义认识人类社会民族现象、

① 周平：《民族政策的价值取向及我国民族政策价值取向的调整》，《学术探索》2002年第6期。

把握民族过程发展规律和解决民族问题的科学思想体系。[①] 中国共产党自执政以来，始终坚持以马克思主义民族理论作为民族工作的指导思想和政策创新的理论内核。在坚持理论与实践相结合的基础上，中国共产党提出中国统一多民族国家的基本国情判断以及平等团结互助和谐的社会主义民族关系定位。国家历代领导集体都推进了马克思主义民族理论中国化发展。党的十九届四中全会指出“坚持不懈开展马克思主义祖国观、民族观、文化观、历史观宣传教育，打牢中华民族共同体思想基础”，实际上揭示了打牢中华民族共同体思想基础的制度基石保障、民族团结重心、文化精神内核和历史使命依据。[②] 2020 年，汪洋同志在全国政协民族和宗教委员会关于“构建各民族共有精神家园，铸牢中华民族共同体意识”的主题协商座谈会上发言指出：“铸牢中华民族共同体意识是习近平总书记对党的民族理论与时俱进的创新发展，是马克思主义民族理论中国化的最新成果。”[③] 这更是揭示了党对铸牢中华民族共同体意识的理论定位和政治定位。[④] 铸牢中华民族共同体意识的提出彰显了马克思主义民族理论的强大生命力和持久力，展现了中国共产党人运用这一理论推动民族发展的强大领导力和创造力。铸牢中华民族共同体意识是党坚持马克思主义民族理论指导和结合我国现实国情的又一次理论跃升和理念升华。

---

①郝时远：《坚持马克思主义民族理论的指导地位》，《民族研究》2004 年第 3 期。

②秦玉莹、郝亚明：《中华民族共同体思想基础的构成要素研究——基于马克思主义理论的分析视角》，《贵州民族研究》2021 年第 4 期。

③《汪洋出席全国政协民宗委主题协商座谈会》，《光明日报》2020 年 12 月 3 日第 3 版。

④郝亚明：《从政治定位来深化对铸牢中华民族共同体意识的认识》。

（二）中华民族大团结的国民情绪

国民情绪代表着一个国家内多数群体正在沿着相同的方向思考。多源流理论认为，政府内部的成员可以感受到一种国民情绪，即公共舆论的变化或是广泛的社会运动。多民族国家中，国家认同通常被视为巩固民族团结的精神内核，象征着国民对国家的一种情感认同和精神热爱，其通常被视为个人对国家归属感的衡量标准。我国学者也对此展开了很多研究。例如，徐平等人曾用问卷调查的方式，从四个方面对五个自治区的国家认同展开详细地分析，研究结果表明，各自治区的各民族都有着强烈的国家认同，这种认同既建立在对祖国的先天性情感和文化熏陶的基础上，更建立在对中国特色社会主义及其成就所产生的政治认同基础上。[①]也有学者以拉萨市等六个示范区为例，对其民族团结进步示范区的中华文化认知，爱国主义、民族政策和民族交往交流交融认知，以及爱国认同进行调研，研究结果表明，全部的受访者均具有强烈的中华民族自豪感，以及对民族政策的赞同和强烈的民族交往交流交融意愿。[②]还有学者通过问卷调查的方式，运用实证分析的方法对云南涉藏州县民族区域自治政策落实情况与民族关系进行了考察，发现民族区域自治制度的实现程度与民族关系的和谐呈显著正相关，民族认同与国家认同并不相悖，国家认同高于民族认同，民族认同寓于国家认同之中。越来越多的研究结果证明，我国民族政策是深得各民族群众认同的，维护国家统一、巩固民族团结是全国各族人民的共同情感价值诉求。

---

①徐平、张阳阳：《五个自治区国家认同的调查与研究》，《民族研究》2013年第4期。

②洪盛志、孙明福：《基于文化认同的民族团结进步创建研究——以拉萨市等六个示范区为例》，《中南民族大学学报》（人文社会科学版）2018年第6期。

（三）国家关键职能部门的调整

国家关键职能部门的调整被视为推动某一政策议程的重要推力。实际上，我国历次重要部门机构改革均蕴含着党的治国理念。2018 年党的十九届三中全会通过的《深化党和国家机构改革方案》决定，为加强党对民族工作的集中统一领导，将民族工作放在统战工作大局下统一部署、统筹协调、形成合力，更好贯彻落实党的民族工作方针，更好协调处理民族工作中的重大事项，将国家民族事务委员会归口中央统战部领导。[①] 这不仅体现了党统筹民族工作大局、协同民族工作管理、对民族工作的重视，也凸显了坚持和加强党对民族工作全面领导的基本原则。此外，为切实提高国家应对外部安全危机与挑战的能力，国家安全委员会于 2013 年 11 月 12 日正式成立。2014 年 4 月 15 日，习近平总书记在中央国家安全委员会第一次会议上指出："当前我国国家安全内涵和外延比历史上任何时候都要丰富，时空领域比历史上任何时候都要宽广，内外因素比历史上任何时候都要复杂，必须坚持总体国家安全观……走出一条中国特色国家安全道路。"[②] 这个事实也体现出了党对边疆民族问题这一国家安全问题的高度关注，实际上也为铸牢中华民族共同体意识的提出提供了政治动力。

四、铸牢中华民族共同体意识政策议程的建立及推进

通过对铸牢中华民族共同体意识提出的各源流分析可知，"铸牢中华民族共同体意识"政策议程的提出是现实问题驱动、民族政

---

① 《中共中央印发〈深化党和国家机构改革方案〉》，中国政府网，http://www.gov.cn/zhengce/2018-03/21/content_5276191.htm#1，访问日期：2022 年 5 月 30 日。

② 中共中央文献研究室编《习近平关于社会主义政治建设论述摘编》，第 9 页。

策承续和施政理念创新交汇的必然结果，三条源流清晰揭示了其背景起源、价值导向和政策目标。其中，问题源流揭示了“铸牢中华民族共同体意识”政策议程所要解决的靶向问题；政策源流指出了“铸牢中华民族共同体意识”内含的学理依据和政策发展脉络；政治源流彰显了“铸牢中华民族共同体意识”中施政理念的价值取向和民心所指。在三条源流交汇过程中，问题源流展示出较强的现实推力，政策源流表现出稳定的持续推力，政治源流表现出强劲的内在动力，并且三条源流存在相互影响、相互助推的趋势。当问题源流持续凸显、政策源流逐渐深化、政治源流战略推进时，政策之窗就此打开。2019 年习近平总书记在全国民族团结进步表彰大会上指出“实现中华民族伟大复兴的中国梦，就要以铸牢中华民族共同体意识为主线，把民族团结进步事业作为基础性事业抓紧抓好”和“以铸牢中华民族共同体意识为主线做好各项工作”。[①]“主线”具有占据某一事物的主导地位和统领事物发展的意涵，此时标志着“铸牢中华民族共同体意识”政策之窗的开启。同年 10 月颁布的《关于全面深入持久开展民族团结进步创建工作铸牢中华民族共同体意识的意见》这一专门性政策文件，提出了完整、全面的政策方案。其中明确指出“中华民族共同体意识是国家统一之基、民族团结之本、精神力量之魂”，并为新时代民族团结进步创建工作做出了全面战略部署。[②]至此，“铸牢中华民族共同体意识”政策议程完成了前期议题提出，政策商议、讨论推进，政策议程建立等阶

①习近平：《在全国民族团结进步表彰大会上的讲话》，人民出版社，2019，第 7 页。

②《中共中央办公厅 国务院办公厅印发〈关于全面深入持久开展民族团结进步创建工作铸牢中华民族共同体意识的意见〉》，中国政府网，https://www.gov.cn/xinwen/2019-10/23/content_5444047.htm，访问日期：2022 年 5 月 30 日。

段（如图 3）。

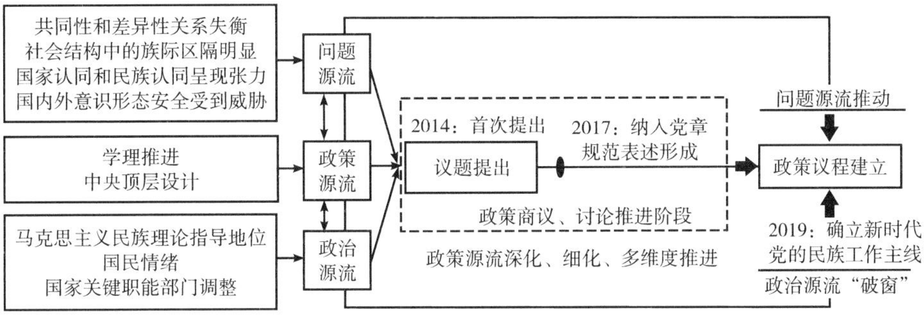

图 3　铸牢中华民族共同体意识政策议程设置图

综上可知，“铸牢中华民族共同体意识”政策议程设置，既是化解民族问题的政策回应，也是在巩固民族团结、维护国家安全、推动民族国家建设背景下的战略思考。在此过程中，“中华民族共同体”可以视为阐释民族关系本质内涵与指明民族关系发展方向的一个图景。其精确地揭示了国家与民族、各民族间、各民族成员间的根本关系，抓住了民族工作的主要矛盾，同时也是对未来民族关系发展方向的一个概括。为发挥“铸牢中华民族共同体意识”的政策效用，应该聚焦“铸牢中华民族共同体意识”形成的问题源点，落实“铸牢中华民族共同体意识”推进的政策方针，完善“铸牢中华民族共同体意识”深化的政治环境，以此形成从铸牢中华民族共同体意识到建设中华民族共同体实践的递进层次结构，将铸牢中华民族共同体意识的理论价值与现实意义实效生发于民族活动实践中。

（一）聚焦“铸牢中华民族共同体意识”形成的问题源点

为充分彰显“铸牢中华民族共同体意识”的政策实效，需要聚焦其形成的问题源点。2021 年中央民族工作会议提出的一系列民族工作原则及思想，便是化解“问题源流”的指导思想和实践抓手。其中包含的正确处理各民族共同性和差异性关系原则、促进各民族交往交流交融、推动各民族共同走向社会主义现代化、正确把握“四个关系”，以及要坚决防范民族领域重大风险隐患等，均是聚焦问题源流的政策回应和解决路径。在未来的政策落实中，要从解决各类民族问题的重要性和紧迫性出发，坚持铸牢中华民族共同体意识这一民族工作的主线，按照增进各民族共同性、尊重和包容差异性的原则，将铸牢中华民族共同体意识的重要指导思想在民族工作和民族日常生活中贯彻落实。在推进铸牢中华民族共同体意识的实践进路中，不断增强各族人民休戚与共、荣辱与共、生死与共、命运与共的共同体理念。

（二）落实“铸牢中华民族共同体意识”推进的政策方针

为有效发挥“铸牢中华民族共同体意识”的政策价值，仍要发挥政策共同体的推动作用。一方面，需加强学术共同体对铸牢中华民族共同体意识理论话语的多学科建构研究。[①] 其中需要重点关注 2021 年中央民族工作会议提出的铸牢中华民族共同体意识“四个与共”基本内涵，“增进共同性、尊重和包容差异性”的重要原则，以及“坚持正确的，调整过时的”等创新民族工作的思路。上述政策理念不仅为民族实践指明了具体的方向，其本身也亟待学理研究予以阐释推进。另一方面，在坚持顶层设计上，需要加强相关政策协同保障。例如构建铸牢中华民族共同体意识宣传教育常态化机制，以及推进各民族空间、文化、经济、社会、心理全方位嵌入。构建铸牢中华民族共同体意识常态化教育机制，需要加强民族学校教育、社会文化宣传、政府服务支持、群众团结教育等，通过

---

① 郝亚明：《铸牢中华民族共同体意识亟待多学科共创理论话语体系》，《民族学刊》2021 年第 10 期。

国家、社会与个人多层级主体联动共同实现铸牢中华民族共同体意识。在促进各民族交往交流交融的“全方位嵌入”过程中，同样也需要国家予以各民族在空间互嵌、文化互嵌、经济互嵌、社会互嵌、心理互嵌等方面的政策支持。通过构建各民族相互嵌入式社会结构和社区环境，在各族人民“共居共学共事共乐”中，不断凸显各族人民情感相通、利益共联、命运与共的“共同体”状态。

（三）完善“铸牢中华民族共同体意识”深化的政治环境

为逐步深化“铸牢中华民族共同体意识”的政治理念，需要不断完善与优化政治环境支持。铸牢中华民族共同体意识更加强调政治归属和政治认同，是国家层面最高的社会归属感、面向世界的文化归属感，核心是引导各族人民增强“五个认同”，增强国家意识、公民意识和法治意识。[①]铸牢中华民族共同体意识所蕴含的政治价值理念，既立基于国内民族团结大局，也面向世界的统一多民族国家站位。在推进铸牢中华民族共同体意识实践中，要坚持党对民族工作的全面领导，坚持中国特色解决民族问题的正确道路。同时，加强各民族在铸牢中华民族共同体意识过程中的政治文化环境建设，培养各族人民关心并积极参与国家事务、民族事务治理的公民意识和政治情感。此外，要高度重视保障少数民族合法权益，提升各族人民的法治意识和法律素养，不断健全我国法律制度环境保障。通过不断完善与优化“铸牢中华民族共同体意识”的政治环境，坚定各族人民“五个认同”意识，增强中华民族共同体的凝聚力和内在动力，进而不断推动中华民族共同体建设。

① 尤权：《做好新时代党的民族工作的科学指引 学习贯彻习近平总书记在中央民族工作会议上的重要讲话精神》。

深刻认识铸牢中华民族共同体意识的若干特性[①]

习近平总书记在党的二十大报告中明确指出："以铸牢中华民族共同体意识为主线，坚定不移走中国特色解决民族问题的正确道路，坚持和完善民族区域自治制度，加强和改进党的民族工作，全面推进民族团结进步事业。"[②] 铸牢中华民族共同体意识是新时代党的民族工作的主线，也是中国特色社会主义现代化建设新征程的一项基础性工程。从这个角度而言，我们有必要进一步加深对铸牢中华民族共同体意识基本性质和本质属性的把握，以此达成提高政治站位、统一思想认识的目的。

汪洋同志在2021年中央民族工作会议总结讲话中指出："深刻认识铸牢中华民族共同体意识的历史必然性、极端重要性和现实针对性，使之贯穿民族工作各领域全过程。"[③] 在2022年省部级干部民

---

①本文原发表于《学术界》2023年第3期。第二作者曾醒系贵州民族大学博士研究生。

②《高举中国特色社会主义伟大旗帜 为全面建设社会主义现代化国家而团结奋斗——在中国共产党第二十次全国代表大会上的报告》，《人民日报》2022年10月26日第1版。

③《以铸牢中华民族共同体意识为主线 推动新时代党的民族工作高质量发展》，《人民日报》2021年8月29日第1版。

族和宗教工作专题研讨班学员座谈会上，他又进一步强调，“要深刻认识铸牢中华民族共同体意识的历史必然性、极端重要性、特殊紧迫性和现实针对性。”[①] 就本质而言，这四个特性关联着铸牢中华民族共同体意识的历史基础、时代基础、现实基础、实践基础。深刻认识这些重要特性是树立新时代党的民族工作主线思维和践行这条主线的思想基础，是完整准确全面把握和贯彻我们党关于加强和改进民族工作的重要思想的认知关键，是实现党的民族工作高质量发展的重要条件，具有深刻的理论和实践意义。基于以上认识，本文结合从中华民族的发展历程认识铸牢中华民族共同体意识的历史必然性、从新时代党的使命任务认识铸牢中华民族共同体意识的极端重要性、从民族领域存在的风险隐患认识铸牢中华民族共同体意识的特殊紧迫性、从民族工作的短板弱项认识铸牢中华民族共同体意识的现实针对性[②] 的理论判断，从中华民族的发展历程、新时代党的使命任务、民族领域存在的风险隐患和民族工作的短板弱项四个认识切入点系统论述铸牢中华民族共同体意识的四个重要特性，并在此基础上探讨其内在逻辑。

一、从中华民族的发展历程认识铸牢中华民族共同体意识的历史必然性

历史必然性是社会实践主体在社会实践活动中形成并起着支配

①《汪洋与省部级干部民族和宗教工作专题研讨班学员座谈》，《人民日报》2022 年 7 月 16 日第 3 版。

②尤权：《做好新时代党的民族工作的科学指引——学习贯彻习近平总书记在中央民族工作会议上的重要讲话精神》，《求是》2021 年第 21 期。

作用的特性。[①]其旨在揭示历史发展的方向和呈现其不可遏制的客观趋势，并为作为承担者和主体的社会的人在历史可能性空间中发挥能动性、创造性提供可能。[②]显而易见，历史必然性应当包含“活动承担者”和“可能性选择”的相关话题。据此，认识铸牢中华民族共同体意识的历史必然性须直面两个问题，一是中华民族形成与发展的客观实在性，二是当下铸牢中华民族共同体意识的历史可能性。

中华厚重悠远的历史叙事孕育了自在的中华民族，近代在西方列强多重夹击和打压下孕育了自觉的中华民族。[③]费孝通以自在和自觉梗概出中华民族形成的两个阶段，并以时间跨度指明了中华民族历史发展的客观实在性。在这一大前提下，陈连开进一步指出：中华民族的形成史可分为起源孕育、自在发展、自发到自觉联合三个阶段。[④]旧石器时代到秦统一以前，有漫长的时代是中华民族起源孕育的阶段。自秦到 1840 年的两千余年间，分散的民族单位经过接触、混杂、联结、融合，出现相对稳定的民族共同体——华夏族，以及中华民族凝聚结合的核心——汉族，自在发展的主体基础在这样的历史叙事中进一步夯实。伴随着中国古代国家政权及国家机器的形成、巩固与确立，中华各民族共同祖国观念形成，各民族整体性得到进一步提升，中华民族处于自在发展的历史阶段。但由

---

①方军、刘奔：《实践·历史必然性·价值——马克思的价值概念辨析》，《哲学研究》1993 年第 11 期。

②刘曙光：《社会历史的必然性、偶然性及其复杂性》，《湖湘论坛》2009 年第 3 期。

③费孝通：《中华民族的多元一体格局》，《北京大学学报》（哲学社会科学版）1989 年第 4 期。

④陈连开：《中华民族之含义及形成史的分期》，《社会科学战线》1996 年第 4 期。

于历代封建压迫统治及民族之间纷争隔阂的客观存在，严重阻碍了各民族对根本利益和整体联系的正确认识，故而未能形成整体性自觉意识。1840 年后，在外部力量的推动下，中华民族自觉意识被唤醒。在共同抵御外辱、共同反帝反封建的救亡图存运动中，中华民族的凝聚力愈显强大，生命力更进一步迸发，感召力更进一步凸显。尤其是中华民族取得民族独立和解放战争的彻底胜利，实现了人民当家作主，于此进入自发到自觉联合发展的阶段。中华各民族逐渐发展成为一个完整的不可分割的统一整体，“多元一体”便成为中华民族共同体最为彰显的结构性特征。[①] 中华民族形成与发展的客观实在性又体现在其是各种纽带、民族要素汇集而成的历史合力上。[②] 中华特殊的地理因素，为中华民族生存繁衍、迁徙融合提供了环境基础。相互依存、互为补充的经济因素，为中华民族凝聚成一个更大共同体奠定了物质基础。兼收并蓄、文明互鉴的各民族文化形塑了博古通今、悠远精深的中华文化，厚植了中华民族永续发展的精神文化基础。共同的心理因素所催生的强烈认同感让中华民族愈发成为一个难舍难分、密不可分的整体。同时，自古便是统一的多民族国家的国情家底及“大一统”的政治文化传统共同串联起各民族对自我身份归属的审视和对国家合法性的理性追求。中华民族在历史互动和各要素交织影响下逐渐形成政治共同体、文化共同体、历史共同体和社会共同体。基于共同体形成发展应当具备的各类要素的有机整合，以及因此种有机整合而呈现的结构性特征和

①刘正寅：《中华民族共同体形成发展的历史思考》，《云南师范大学学报》（哲学社会科学版）2022 年第 1 期。

②杨须爱：《中华民族共同体意识的形成与铸牢》，《人民论坛》2022 年第 10 期。

社会功能不难看出，[1] 中华民族形成与发展的要素条件进一步夯实了这一共同体实而又实的结构性基础。

以上探讨揭示了中华民族在历史发展中所凝结起来的若干共同性特征。习近平总书记在2019年全国民族团结进步表彰大会上指出："我们辽阔的疆域是各民族共同开拓的，我们悠久的历史是各民族共同书写的，我们灿烂的文化是各民族共同创造的，我们伟大的精神是各民族共同培育的。"[2] 这是中华民族之所以能绵延赓续的共同财富。那么，铸牢中华民族共同体意识为何如此强调中华民族在形成发展过程中所凝结的共同性特征？这还需要从民族与历史文化的深度关联谈起。一方面，传统意义上的民族是指具有一定历史文化特征的人们共同体。尽管在民族—国家时代，民族更多被赋予政治内涵，但并非把民族的历史文化基础与之相割裂，而历史文化恰好是民族的根基与底蕴所在。"四个共同"从历史文化视角阐释了中华民族整体性的形成和发展，既包含历史过程也包含历史表现。更进一步说，这些共性特征形成和发展的过程实则就是中华民族这一有机整体形成和发展的过程。正是基于这种各民族共有的历史文化特征，中华民族才能在对共有历史文化深度认知的基础上产生对共有未来命运的深度感知和强烈认同，才能使铸牢中华民族共同体意识成为有源之水、有根之木。另一方面，铸牢中华民族共同体意识作为我国多民族国家建设的重要方略，无论是中华民族共同体这一实体的建设过程，还是共同体意识的铸牢过程，都需要与之相匹配的历史文化作为支撑和基础。"四个共同"揭示了各民族对

---

①郝亚明：《中华民族共同体建设的三个维度》，《西北民族研究》2021年第1期。

②习近平：《在全国民族团结进步表彰大会上的讲话》，《人民日报》2019年9月28日第2版。

中华疆域、历史、文化、精神等方面的特殊性贡献，在超越自身历史文化的基础上实现了中华民族共同体在历史文化意义上的整体性联结，并形成了中华民族共有的精神文化家园，蕴含着维系中华民族永续发展的内在价值诉求，是中国多民族国家建设的丰厚资源与天然优势。这既契合中华民族共同体历史文化属性的要求，也契合铸牢中华民族共同体意识对历史基础所需的要求。

讨论铸牢中华民族共同体意识的历史必然性时，首先应当摆正中华民族具有若干共同性特征的历史基础地位，其意义就在于为铸牢中华民族共同体意识提供话语底气和历史依据，从而使中华民族共同体对自我有更加清晰的认知，更加坚定道路自信、理论自信、制度自信、文化自信，继而朝着包容性更广、认同感更高、凝聚力更强的进路推动中华民族共同体建设。

二、从新时代党的使命任务认识铸牢中华民族共同体意识的极端重要性

党的二十大报告指出，中国共产党的中心任务就是团结带领全国各族人民全面建成社会主义现代化强国、实现第二个百年奋斗目标，以中国式现代化全面推进中华民族伟大复兴。[①] 这是中华民族的最根本利益，也是中国共产党矢志不渝的奋斗目标，同时也必然是新时代党的民族工作的目标指引。使命任务在新时代新征程这一背景下不仅彰显了铸牢中华民族共同体意识的时代性，也突出了铸牢中华民族共同体意识在历史进程中的基础性。

中华民族伟大复兴进入不可逆转的历史进程，我们虽有能力和

①《中国共产党第二十次全国代表大会在京开幕》，《人民日报》2022年10月17日第1版。

信心实现伟大复兴，但实现也绝非轻松快事，其过程必然充满各种艰难险阻，需要系统解决思想认识、社会基础、环境氛围、动能要素等诸多方面的问题。铸牢中华民族共同体意识是实现中华民族伟大复兴的必然要求，只有铸牢中华民族共同体意识，才能为推进实现使命任务提供重要思想保证并为其保驾护航。铸牢中华民族共同体意识是推进实现使命任务的基础性工程，在全面推进伟大复兴战略全局中具有不可替代、不可或缺的地位。故而理应从时代基础出发，从其凝聚伟力、满足现实和理论需要三方面作用入手阐释铸牢中华民族共同体意识的极端重要性。

其一，铸牢中华民族共同体意识能凝聚完成使命任务的磅礴伟力。极大程度上，凝聚各民族广泛而深刻的思想认识，在实现中华民族大团结的基础上汇聚更加强劲的中国力量是民族工作或铸牢中华民族共同体意识的本质使命。据此，铸牢中华民族共同体意识就应当在伟大复兴的战略全局中发挥统一思想、实现团结、汇聚力量的作用。统一思想是基础，引导各民族牢固树立“四个与共”的共同体理念，力促各民族对现实和未来有共性认知评价和共善理性选择，不断增强“五个认同”，以此解决中华民族在实现伟大复兴过程中的思想认识问题。实现团结是要义，团结作为一种相互关系状态，是国家统一、民族团结、社会稳定的基础性条件。铸牢中华民族共同体意识，能持续巩固我国民族关系向上向好，深层次营造团结奋斗、共圆梦想的环境氛围。汇聚力量是根本性作用，基于思想基础和团结状态的相互作用，才可能进一步汇聚起多方面的力量。伴随着共同体意识的形成与发展，所汇聚的力量不仅表现在多方面，而且作用在多方面，这是全面推进完成使命任务最亟须的作用，也是铸牢中华民族共同体意识最根本的作用。

其二，铸牢中华民族共同体意识能满足推进新时代党的使命任务的现实需要。于事物发展而言，目标清晰、动能得力、要素完备、范围限定是现实必要条件。换言之，铸牢中华民族共同体意识不仅能契合而且能满足全面推进使命任务的现实必要条件。首先，从目标方向而言。以中国式现代化全面推进中华民族伟大复兴既是党的使命任务，也是中华民族的共有目标，更是党的民族工作的时代要求。诸如“推动各民族共同走向社会主义现代化”“以实现中华民族伟大复兴作为出发点和落脚点”等与新时代党的民族工作主线相关联的内容正是对目标方向的明确。其次，从动能要素而言。全面建设社会主义现代化国家、实现中华民族伟大复兴的全过程要求各民族必须团结奋斗。铸牢中华民族共同体意识因具有强大的凝聚功能[①]，故而能实现各民族的大团结，充分激发共同团结奋斗的动能，力促各民族实现共同繁荣发展。再次，从范围限定而言。一方面是场域限定，民族工作是“国之大者”，在民族工作领域要对推进新时代党的使命任务有所赋能，就必须坚持民族工作的主线毫不动摇。另一方面是时间限定，“两步走”的发展战略划定了实现中华民族伟大梦想的时限，伟大复兴正处于不可逆转的关键时期，世界局势也处在加速演进期，应当说在如此复杂的时期里，实现目标愿景对于铸牢中华民族共同体意识的需求更进一步凸显其极端重要性。

其三，铸牢中华民族共同体意识能回应新时代党的使命任务的理论需要。汪洋同志在 2020 年全国政协民族和宗教委员会主题协

① 青觉、赵超：《中华民族共同体意识的形成机理、功能与嬗变——一个系统论的分析框架》，《民族教育研究》2018 年第 4 期。

商座谈会上指出："铸牢中华民族共同体意识是习近平总书记对党的民族理论与时俱进的创新发展，是马克思主义民族理论中国化的最新成果。"[①] 作为习近平总书记重大原创性论断，将铸牢中华民族共同体意识从作为工作的"主线""纲"上升为党的民族工作方略，是党和国家对新时代民族工作现实需要而作出的理论回应。其理论意义在于：一是破除现实困境。于现代多民族国家建设而言，民族认同与国家认同之间的张力、族际之间共同性与差异性关系失衡等是其主要困境，铸牢中华民族共同体意识恰好能有效破除此困境，并在极大程度上实现各民族之间、民族与国家之间的良性互动。二是平息政策争论。民族工作系统且庞杂，在长期的理论研究与实践推进过程中，不可避免地形成了一些差异性认识，并进而引发了关于中国民族政策治理成效与改进方向方面的一些论争。[②] 铸牢中华民族共同体意识作为我国处理民族事务和解决民族问题的核心内容，其提出与发展正好能平息对当前政策的争论。三是纠正理论偏误。长时间以来，学界对我国民族理论与政策的认识存在一些偏差与误解，诸如"内在冲突论""求同否异论""民族同化论"[③] 等理论误区的存在势必会影响新时代党的民族工作的顺利开展，而与铸牢中华民族共同意识相关联的理论可以对其进行行之有效的纠正。

---

①《汪洋出席全国政协民宗委主题协商座谈会》，《中国民族》2020 年第 12 期。

②郝亚明：《从政治定位来深化对铸牢中华民族共同体意识的认识》，《西南民族大学学报》（人文社会科学版）2021 年第 8 期。

③同上。

三、从民族领域存在的风险隐患认识铸牢中华民族共同体意识的特殊紧迫性

风险隐患是指某件事的负面效果发生的概率、程度以及影响其概率和程度的不确定因素。而特殊紧迫性应当包含特殊性和紧迫性两个部分，特殊性是指事物特有的，有别于其他事物或一般情况的性质；紧迫性是时间管理概念，更多强调速度和效率。民族领域存在的风险隐患是指利用所谓的“民族问题”危害社会和谐稳定，是破坏民族团结的若干因素和表象的集结，从根本上威胁着国家安全和国家主权。此类风险隐患因领域范围的划定而凸显特殊，对其有效防范也因发展进程的需要而凸显紧迫。故而在特殊且紧迫的属性重叠下，坚持铸牢中华民族共同体意识这一工作方略的特殊紧迫性愈发凸显。

我国民族领域存在的风险隐患在结构上可分为内外两部分。国内的风险隐患一方面表现在民族地区发展不平衡不充分的问题依然存在，各民族对发展的强烈诉求与区域性发展薄弱之间的矛盾仍是一个长期性问题，因发展问题而连带出的风险隐患不容小觑；另一方面，涉及民族因素的矛盾冲突还时有发生，矛盾的上升、激化对社会和谐稳定有极大的负面影响；再一方面，影响各民族交往交流交融的因素复杂多样，局部地区反分裂形势依然严峻，并附加着其他风险因素的交织，成为我国民族领域内部最为关键的风险隐患。外部风险可以概括为“一个头目、两大手段、三股势力、四个图谋、五大切入口”。简言之，即在国际反华势力的操纵影响下，其惯用干扰破坏和渗透颠覆的伎俩，利用暴力恐怖势力、民族分裂势力、宗教极端势力，妄图推翻中国共产党的领导和社会主义制度、妄图阻碍中华民族伟大复兴进程、妄图瓦解中国主权和领土完

整、妄图解构中华文化，并以民族边疆地区、落后贫困地区、宗教领域、意识形态领域、人权领域等为切入口企图打通内外渠道，进而达到其目的企图。外部的风险隐患被视作现代多民族国家建构的“恶性肿瘤”，其最大毒性在于阻碍族际政治整合，致使多民族国家的合法性削减、良性的族际政治互动被打破，加速了民族的政治分离。[①] 诚然，将民族领域风险隐患概而划分为内外两个部分虽存在一定的理论欠缺，但如此划分的意义就在于能更清晰地还原内外风险隐患相互关联的本真。通过美国等西方国家操弄新疆、西藏、香港、台湾等议题的轨迹不难发现：以民族、宗教、意识形态与人权等作为问题窗口，为他们提供撬开操纵图谋总开关的机会。这些单个问题抑或问题之间存在着因与果、内与外、前与后、表与里的关联。同时，在互联网技术和信息搜集传递系统更新迅速的今天，此等关联的复杂性大大增加了防范化解的难度系数。

铸牢中华民族共同体意识作为抵御风险隐患的压舱石，其兼具“解决内部问题、迎接外部挑战、[②] 协调内外差异”的多重意义，理应是应对民族领域风险隐患的根本性事业。对此，我们应当清晰地认识到铸牢中华民族共同体意识具有三重作用向度。

一是对外层面的有效阻隔。“边界”是具有地理、历史、心理等属性的“区隔”性概念。中华民族生存发展的具有政治属性的地缘空间和具有延续性的历史文化是区隔内外的条件，中华民族共同体意识则是划定内外边界的基础性力量。从这个意义上讲，铸牢中华民族共同体意识就是基于政治性地缘空间和特定历史文化而夯实

①周平：《多民族国家的族际政治整合》，中央编译出版社，2012，第63页。

②郝亚明：《从政治定位来深化对铸牢中华民族共同体意识的认识》。

划定内外的基础力量，进一步使各民族对中华民族这一整体产生认同和想象。当内与外有效地区隔后，源自内部的共同体及共同体意识则会对外部世界有一定的选择性，即趋利避害的判断与选择。故而在面对来自外部的渗透、颠覆、破坏等风险隐患时，铸牢中华民族共同体意识无疑就成为防范抵御的内在基础力量。

二是对自我层面的有效保护。在民族意识的话语体系中，“自我”是相对于“他者”而言的身份认同，只有在自我层面形成认同意识，才可能完成自我保护的使命。身份认同意识是实现自我保护的基础。中华民族共同体意识作为一种集体身份认同意识，其实现自我层面的保护一方面要依托于意识主体从个体身份上升为集体身份，实现自我身份范围的超越；另一方面要在“他者”的对比下进一步强化自我身份，进而为自我保护提供契机。制造身份认同危机是民族领域风险隐患最为致命也最为通用的伎俩。“铸牢”的过程是在实现主体身份范围超越的前提下强调中华民族或中华民族共同体的身份归属和认同，并在此基础上塑造出具有“防护膜”般的身份认同，故而铸牢中华民族共同体意识在消减风险隐患带来的身份认同危机方面具有天然优势，从本体角度保护中华民族共同体意识的主体不受影响、不被利用，同时消解民族认同与国家认同之间的张力，实现民族社会结构和谐稳定。

三是对内层面的有效凝聚。外因总要通过内因才能起作用，内与外是相对概念，基于民族领域存在的风险隐患，内和外的区别极大程度上框定了中华民族共同体意识发挥凝聚功能的范围和对象，其凝聚的范围是以国家领土为边界的内部空间，而对象则是具有诸多共性特性且有别于“外部”的中华民族这一命运共同体。中华民族作为命运共同体，内在凝聚力是其存续与发展的纽带与支撑。[①] 面对民族领域存在的风险隐患，引导各民族牢固树立“四个与共”的共同体理念，铸牢中华民族共同体意识，实现中华民族大团结，才能彰显出国民共同攻坚克难的集体行为能力，以此凝聚起有效应对风险挑战的磅礴力量。

四、从民族工作的短板弱项认识铸牢中华民族共同体意识的现实针对性

现实背景往往为认识与实践提供宏大的叙事空间。民族工作的短板弱项是一个历史范畴，其呈现或应对必然存在一定的现实背景。故而从民族工作存在的短板弱项认识铸牢中华民族共同体意识的现实针对性首先应当把握新时代党的民族工作的现实背景，只有基于对民族工作现实背景的深刻把握，才能清晰地认识民族工作短板弱项的内涵实质，才能进一步夯实铸牢中华民族共同体意识的实践基础，才能更加凸显铸牢中华民族共同体意识的现实意义。

新时代党的民族工作的现实背景发生了深刻变化，主要可以概括为以下几个时期：一是中华民族伟大复兴的关键时期。作为国家发展目标，在对社会各层面发生牵引性影响的同时，也对赋予各民族伟大复兴的使命意识、坚定中国特色社会主义道路认同具有重要意义，这是对民族工作创新推进的新期待。二是“两个一百年”奋斗目标的历史交汇期。我国社会主要矛盾发生根本性变化，现实发展与生活需要之间的内在协同性对各领域工作提出新要求。由此，以人民对美好生活的向往作为出发点和落脚点，这是新时代党的民

① 严庆：《在应对疫情中增强中华民族的内在凝聚力》，《民族论坛》2020 年第 1 期。

族工作的新基点。三是世界百年未有之大变局的风险挑战期。既要沉着冷静处理好外部机遇和挑战，也要守正创新解决好内部问题，这明确了新时代党的民族工作的新要求。多背景共塑和多要求叠加不仅决定了民族工作在整个国家战略全局中的核心变量角色，而且决定了加强和改进新时代党的民族工作的战略意义，还决定了新时代党的民族工作在此背景下存在诸多与时代发展需求不匹配、不协调和不适应问题的客观性。

我国民族工作的短板弱项具有多样性、复杂性、深层性。其一，经济社会发展对资源配置的效率质量和范围主体提出新要求，各民族相互间的大流动和地域间的大融居成为新阶段特征。民族之间的各种联系更加紧密，以往以聚集地为主的民族工作方式显然不适应各民族在全域范围内配置资源这一新阶段特征，由此暴露出在促进民族交往交流交融方面的力度与方法有所欠缺、建设与新时代相匹配的各民族相互嵌入式社会结构与社区环境方面着力不够等问题。其二，民族多样性决定了文化的多样性。在一定程度上，多样性时常伴随着差异性而普遍存在，更进一步说，差异性也伴随着矛盾而普遍存在。那么，对这种矛盾的认识与对待就成为多民族国家的文化观或放大的文明观的问题。[①] 故而在认识和对待此矛盾时，出现了在彰显多民族国家的民族文化多样性、差异性的同时，未能平衡好与一体性、共同性之间关系的问题，这既牵涉共同性和差异性的关系，也牵涉中华文化与各民族文化之间的关系。其三，在民族地区经济社会发展过程中，更多强调脱贫致富的硬性指标，而在一定程度上忽略了精神文化建设，故而存在物质与精神的关系未能

---

①郝时远：《文化多样性与“一带一路”》，《中国民族》2017 年第 5 期。

正确把握的问题。其四，作为民族团结进步创建的重要策略，铸牢中华民族共同体意识的推进应当兼具全方位、多层次、宽领域的维度，其不仅要求注重氛围的营造，更重要的是要强调基础的建构。但现实中仍存在注重营造民族团结氛围而忽视建构民族团结基础的问题。此外，在民族工作现实推动中，也存在着诸如体制机制、人财物等方面的短板弱项。

值得注意的是，这些不匹配、不协调、不适应的问题愈发成为影响中国道路和中华民族行稳致远的重要原因，它们不仅直接关系到我国民族事务治理体系和治理能力的现代化，也直接关系到中国特色解决民族问题正确道路的巩固与拓展。基于此，在消弭与时代要求不匹配、不协调和不适应的诸多问题时，铸牢中华民族共同体意识无疑兼具问题框定性、方法回应性、实践指引性。

首先，铸牢中华民族共同体意识作为解决我国民族问题的基本方略，其提出与推进是现实问题驱动的必然结果。就本质而言，这关联着铸牢中华民族共同体意识的问题框定性。本着解决现实问题的原则，铸牢中华民族共同体意识从理论话语上升为政治话语，不仅是党中央基于民族工作所面临的新问题和新阶段特征所作出的刚需性回应，而且是直指当前民族工作的问题症结。这一政策议程设置过程揭示了诸如“五个并存”“共同性与差异性关系失衡”等亟待解决的现实靶向问题，从此意义上说，铸牢中华民族共同体意识的提出与演进极大程度上框定了当前我国民族工作存在的短板弱项。从框定问题开始，这一政策议程便具有了现实落脚点。

其次，铸牢中华民族共同体意识作为马克思主义民族理论中国化的最新成果，其最大的哲学意义就在于提供方法论的指导。从“所有工作要向此聚焦”的论断来理解，铸牢中华民族共同体意识无疑是解决好我国民族问题的方法论的根脉所在。2021 年中央民族工作会议指出新时代党的民族工作创新发展要正确把握“四组关系”，对这些理论建构和实践推进的关键性问题的回答必然离不开马克思主义民族理论的指导。从这个意义上说，铸牢中华民族共同体意识在强调理论建构与实践推进时更多应彰显其方法回应性的现实意义。

再次，铸牢中华民族共同体意识作为新时代党的民族工作的主线，重心在于实践推进，故而在消解民族工作存在的短板弱项过程中应当明确其实践指引性。从实践推进的角度来看，消解短板弱项无疑是重要的实践目标。与此同时，清晰精准认识民族工作短板弱项才能够明确实践重点。当实践目标与实践重点相契合并上升为较高层次的国家意志时，一方面能够确保在实践推进过程中不至于出现目标偏差，另一方面能够确保民族工作在协调统筹各方过程中不至于出现重点偏离。但需要注意的是，在实践推进过程中，民族工作的短板弱项与铸牢中华民族共同体意识有两个问题流向：是通过铸牢中华民族共同体意识以补齐短板弱项，还是通过补齐短板弱项而铸牢中华民族共同体意识？其主线地位和“所有工作要向此聚焦”掷地有声地引导了问题流向，即补齐短板弱项就必须要坚持铸牢中华民族共同体意识这一工作主线。基于以上认识，铸牢中华民族共同体意识能有效引导实践推进过程中的问题流向，并实现推进目标和重点的正轨化。

五、结语

基础议题是建构理论话语体系的必要组成部分，对基础性议题进行探讨研究的深度与广度，直接影响着建构理论大厦的扎实性与稳定性。换言之，铸牢中华民族共同体意识作为重大原创性论断，对其基础性议题的把握与探讨，不仅影响着这一重大论断所承载的话语高度，也影响着实践的推进深度，还影响着理论的供给厚度。所以，对铸牢中华民族共同体意识诸如本质特征、基本属性等议题的研究就成为回答话语建构、实践指导和理论供给之间的必然要求。中华民族共同体意识的相关论断从提出到演进至今已近十年，学界在内涵、功能、背景、基础等方面的探讨取得了诸多实质性的成果，但与此同时，话语重复、理论欠缺、内涵模糊、外延泛化等基础不牢的事实同样存在。因此，重新审视铸牢中华民族共同体意识的相关基础议题在当下依旧有很强的理论和现实意义。

对铸牢中华民族共同体意识若干特性的探讨，因作为基础议题而彰显其理论和现实意义。在认识铸牢中华民族共同体意识重要特性的同时，这些重要特性也承担着夯实基础的使命。基于上文，从中华民族形成发展脉络中找寻到了当下铸牢中华民族共同体意识的历史依据；从建设社会主义现代化强国、实现中华民族伟大复兴的使命任务中认识到铸牢中华民族共同体意识的功能作用与极端重要性；从揭示内外风险隐患认识了铸牢中华民族共同体意识的特殊紧迫性；从民族工作短板弱项的具体表现和成因认识了铸牢中华民族共同体意识的现实针对性。这“四个重要特性”蕴含着指向明确、意行互联、协调统一的价值逻辑。其一，“四个重要特性”均有清晰的指向，历史必然性阐明中华民族永续发展的历史根基，极端重要性明确既定道路的目标指向，特殊紧迫性揭示亟待面对的风险挑战，现实针对性框定高质量推进的着力重点。同时，“四个重要特性”也有共同的指向，即推进新时代党的民族工作高质量发展，实现社会主义现代化和实现中华民族伟大复兴。其二，“四个重要特性”的内在意涵与行动追求是相互联动的，这是“完整准确全面把握和贯彻”的内在要求。内在意涵和行动追求很大程度上互为表里，没有对内在意涵的深刻理解就不能有清晰有力的行动追求，同时没有清晰有力的行动追求也不可能对其内在意涵有深刻理解。其三，“四个重要特性”虽分属不同板块，但就新时代党的民族工作所处的历史方位而言，四者是协调统一的关系，这是新时代党的民族工作与民族事业整体性发展的内在要求。

论中华民族共同体建设的认同要素支撑[①]

强化认同支撑是中华民族共同体建设的关键所在。第五次中央民族工作会议明确强调，要坚定“五个认同”，不断推进中华民族共同体建设。[②]将“认同”与“推进中华民族共同体建设”直接关联，不仅说明了认同之于中华民族共同体建设的重要作用，更指明了强化认同支撑是中华民族共同体建设的实践路径。因此，推进中华民族共同体建设，必须注重探索如何推动各民族坚定认同。党的二十大号召全国各族人民要为两个“中心任务”团结奋斗[③]，而团结奋斗的合力源自中华民族共同体意识的牢不可破，中华民族伟大复兴的征程需要强化认同支撑来巩固各族人民团结奋斗的共同思想基础。概而言之，如何以铸牢中华民族共同体意识为主线，有效强化认同支撑，事实上已成为新时代新征程中华民族共同体建设的一个基础

① 本文原发表于《西北民族研究》2023 年第 5 期。

② 《以铸牢中华民族共同体意识为主线　推动新时代党的民族工作高质量发展》，《人民日报》2021 年 8 月 29 日第 1 版。

③ 习近平：《高举中国特色社会主义伟大旗帜　为全面建设社会主义现代化国家而团结奋斗——在中国共产党第二十次全国代表大会上的报告》，《人民日报》2022 年 10 月 26 日第 1 版。

性议题。

共同体理论认为，共同体的理论出发点是人的意志完善的统一体[①]，而认同则是共同体的天堂，源自社会行动者（social actor）对认同要素的支撑过程[②]。要素重叠本质上表述的是共同体组成部分之间的共同性问题。[③]各民族牢固树立对中华民族共同体的自觉认同，是中华民族共同体形成和发展的前提，能够显著增进各民族的共同性、一致性与整体性，实现对铸牢中华民族共同体意识与中华民族共同体建设的正向促进。[④]对于“推动各民族坚定认同来推进中华民族共同体建设”这一命题，学界多着眼于从“五个认同”的内涵维度进行分列或单列论述，而少有从要素重叠关联视角进行整体性探赜。基于上述认识，本文尝试从政治认同、心理认同和文化认同等认同要素关联的视角，来阐释中华民族共同体建设的认同支撑，并进一步提出以下观点：政治认同要素能够为中华民族共同体建设提供一体的合法性支撑，心理认同要素能够为中华民族共同体建设提供族际的情感性支撑，而文化认同要素则能够为中华民族共同体建设提供社会的共识性支撑。

一、中华民族共同体建设的政治认同支撑

政治认同是本质性的认同要素，中华民族共同体建设更加强调

---

①斐迪南·滕尼斯:《共同体与社会——纯粹社会学的基本概念》，林荣远译，商务印书馆，1999，第58页。

②曼纽尔·卡斯特：《认同的力量》，曹荣湘译，社会科学文献出版社，2006，第5页。

③郝亚明：《中华民族共同体建设的三个维度》，《西北民族研究》2021年第1期。

④中共中央统一战线工作部、国家民族事务委员会编《中央民族工作会议精神学习辅导读本》，民族出版社，2022，第66页。

政治秩序和政治归属。通常认为，政治的功能在于对国家意志的表达[①]。就中华民族共同体而言，国家、制度和政党是最具代表性的认同支撑。早在古希腊时期，亚里士多德（Aristotle）就指出："国家或政治共同体是所有共同体中最高的，它包含了所有其他共同体，它在比其他任何一个共同体都更高的程度上追求至善。"[②]追溯"共同体"这一概念的现代渊源，本身就带有很强的政治属性，如 society 与 community 二词，最初被用于区别"由直接关系所构成团体"与"有组织的王国或政府"二者的不同。[③]中华民族共同体实存于中国统一多民族国家的范畴之内，这种单一制的国家形态要求民族单位与政治单位必须一致，通过建构起各民族团结统一的政治认同来维护统一多民族国家的国家形态。

（一）国家认同意识

"对于绝大多数人来说，主要的政治实体是他们的祖国"。[④]各民族对国家的认同，集中表现为对伟大祖国的热爱，这是国家认同的标志性要素，爱国主义就是深沉而执着的国家认同[⑤]。今天世界上的绝大多数国家都是由多民族组成的，这决定了国家民族建设必然面临如何团结凝聚不同民族的问题。中西方对此问题有着趋于一致

① 弗兰克·J. 古德诺：《政治与行政：一个对政府的研究》，王元译，复旦大学出版社，2011，第 14 页。

② 萧公权：《政治多元论　当代政治理论研究》，周林刚译，中国人民大学出版社，2014，第 141 页。

③ 雷蒙·威廉斯：《关键词　文化与社会的词汇》，刘建基译，生活·读书·新知三联书店，2005，第 80 页。

④ 格雷厄姆·沃拉斯：《政治中的人性》，朱曾汶译，商务印书馆，2009，第 47 页。

⑤ 严庆：《政治认同视角中铸牢中华民族共同体意识的思考》，《北方民族大学学报》（哲学社会科学版）2020 年第 1 期。

的看法，即都认为必须建构强有力的爱国主义。爱国主义能够超越各个民族之间族裔属性的客观差异，在国家的一体范围内树立共识性的精神、价值、制度等凝聚内核，从而将国家民族的组成部分凝聚为一个共同体，并赋予这个整体效忠于国家的特定意义，让各个民族以属于这个国家、成为这个国家的国民为荣，从而主动维护和建设这个共同认定的国家。中华民族共同体作为多元的统一体，几千年来之所以能够在多元一体中绵延、向前发展，很大程度上是爱国主义为之提供了不可磨灭的凝聚力量。这种爱国主义传统表现为对中国“大一统”的国家认同，而不是对某个民族所建立的王朝政府的政权认同。也就是说，爱国主义孕育出了历时性的政治共同体——中国。历史上各民族心中的“大一统”观念本身，“就是对超越了这个或那个具体王朝的一个历时性政治共同体的集体记忆与政治追求的意识”[①]。这种爱国主义传统并没有随着古代中国到现代中国的剧烈转向而消失，反而在不同阶段被赋予适时应务的新内涵。正是这种“大一统”的历史传统和高度的国家认同，才让中华民族在多次遭遇民族危机时依然没有分崩离析，始终保持着命运共同体的稳定形态。中国统一多民族国家建设与中华民族共同体建设高度关联，国家统一则民族团结，国家分裂则民族纷争，以爱国主义为核心的国家认同正是两者协同建设的基底要素。

（二）政党认同意识

政党是塑造现代民族政治认同的主导性力量，“人民怎么被吸

①姚大力：《追寻“我们”的根源 中国历史上的民族与国家意识》，生活·读书·新知三联书店，2018，第 19 页。

收到他们国家的政治生活中决定了他们将生发出何种民族意识”[①]。政党认同意识指人们对某一政党产生高度的归属感或忠诚感，这种归属感或忠诚感源自历史和人民的检验，否则人们不可能产生真正意义上的政党认同意识。中国共产党开辟了中华民族历史发展的新纪元，是团结带领各族人民谋取民族独立、国家富强和美好生活的中流砥柱，当前中华民族的政党认同就表现为对中国共产党的认同。普遍认为，现代民族—国家具有民族性和国民性两个属性，政治的国民性不会浑然天成，这使得建构与现代国家架构相符的国民共同体难以一蹴而就，必须依靠政党（最主要是执政党）来完成。近代以来，各种政治力量虽然都确认了“中华民族”的共同族称，但始终无法完成向“统一多民族国家建设”的现代转型。究其根源，就是缺乏一个能把遭遇外侮之后成一盘散沙的中国人民重新组织起来的政党力量。直到中国共产党登上历史舞台，经过不懈探索才找到了“政党组织（政治建设）—国家政治（政权建设）”的独特路径，中国共产党通过阶级革命摧毁旧制度、建立社会主义新政权的方式[②]，“以民族平等追求民族解放”“以民族繁荣追求民族富裕”“以民族团结追求民族强大”，实现了中华民族—国民共同体与现代国家的整合建设，这成为各族人民认同中国共产党的动力源泉。时至今日，中国共产党被赋予了“组织型政党”“使命型政党”[③]“服务型政党”“学习型政党”等称谓，这不仅代表了各族人民

---

①杰克·斯奈德：《从投票到暴力：民主化和民族主义冲突》，吴强译，中央编译出版社，2017，第 26 页。

②陈明明：《作为一种政治形态的政党—国家及其对中国国家建设的意义》，《江苏社会科学》2015 第 2 期。

③唐皇凤：《使命型政党：新时代中国共产党长期执政能力建设的政治基础》，《武汉大学学报》（哲学社会科学版）2018 年第 3 期。

对中国共产党践行初心使命的认同，也代表了各族人民对中国共产党引领他们走向更加美好生活的期待。

（三）政治制度认同意识

政治认同的稳定性取决于政治制度的合法性和有效性[①]，政治认同在确立政治合法权威的同时规范着社会的有效运转，因而政治制度是建构政治认同的重要内容。人民代表大会制度是中国的根本政治制度，这一政体为中华民族共同体建设提供了根基性的现代政治秩序。一方面，通过各族人民平等投票选举产生的政体，代表的必然是各族人民的整体利益和集体意志，各族人民也可以通过参选代表、履行公职、依法监督等方式保障自身的合法权益；另一方面，政体形塑了各民族共同认可的合法性权威，从而让各族人民具有了归属同一政体的认同感，这有利于培育各族人民“国家统一、民族团结”的政治价值观。自 1954 年第一届全国人民代表大会召开以来，历届全国人民代表大会少数民族代表人数占全国人民代表总人数的比例均为 14% 左右（见表 1），即使是生活在新疆维吾尔自治区的人口不足 4000 人的塔塔尔族，也有 1 名全国人大代表。[②] 国家通过人民代表大会制度，不仅将各族人民紧密地团结在中国共产党的领导下，更保证了各族人民当家作主的真正实现。这样，中华民族共同体就不是一个松散的联合体，而是一个高度凝聚的政治共同体。

---

① 西摩·马丁·李普赛特：《政治人：政治的社会基础》，张绍宗译，上海人民出版社，1997，第 53 页。

② 《中华人民共和国第十四届全国人民代表大会代表名单》，中国人大网，http://www.npc.gov.cn/npc/kgfb/202302/c9e83a897334470c8c591655602970fd.shtml，访问日期：2023 年 4 月 23 日。

表 1 近五届全国人民代表大会少数民族代表人数与占比

人大届数	人大代表总数	少数民族代表人数	少数民族代表占比
十四届	2977 人	442 人	14.85%
十三届	2980 人	438 人	14.70%
十二届	2987 人	409 人	13.69%
十一届	2987 人	411 人	13.76%
十届	2984 人	415 人	13.91%

中国共产党领导的多党合作和政治协商制度是中国新型政党制度。共同体理论认为，共同体中可能存在和睦、协商或者争吵等多种具象，但归根结底这些具象都是为了实现让共同体变得更加美好这一共同心愿[①]。中国新型政党制度的特色和优势就体现于在众人商量中获取最大公约数、利益代表的广泛性、奋斗目标的一致性等方面。可见，这一制度与共同体建设的宗旨完全相似，能够以一核（中国共产党的领导）多元（多党合作和政治协商）的政治组织形式建立和巩固最广泛的统一战线。通过认同中国新型政党制度，各族各界人士都能进行政治协商、民主监督、参政议政，在协调民族之间的关系、服务引导各族群众、化解民族之间的矛盾等方面均可发挥重要作用。

二、中华民族共同体建设的心理认同支撑

认同在本质上是一种主体对客体的心理现象。中华民族共同体是客观存在的民族实体，也是各民族真切感知的心理事实——中华

① 齐格蒙特·鲍曼：《共同体：在一个不确定的世界中寻找安全》，欧阳景根译，江苏人民出版社，2003，《序曲，或是欢迎捉摸不透的共同体》第 3 页。

民族共同体意识。换言之，认同建构实际上可以表现为群体深层次意识的心理建构。心理认同要素之所以重要，是因为现代民族认同具有高流动性，可能在极短的时间内发生剧烈嬗变，而民族认同的这种嬗变，往往会首先体现在心理层面，比如出现“两种狭隘民族主义的亚认同意识”。这其实很容易理解：认同来源于个体意识到自己属于哪个特定的群体，也能感知到这种群体成员身份带来的价值，这就决定了认同具有极强的主观性，导致其不论产生还是消失，都会第一时间萌生于心理层面。人心是最大的政治，推进中华民族共同体建设，最管用的是争取人心，因此在任何情况下都不能忽视汲取心理认同要素的重要性。

（一）情感共同体意识

情感相通是共同体维系的前提和纽带。中华民族共同体也是情感共同体，它形成于各民族深度交融汇聚的历史过程。我们常常强调中华民族大家庭、中华民族是一家等意识，都旨在表达各民族情同手足的深厚情感。这种相互依存的情感成为民族认同必不可少的组成部分，情感越深厚则认同越坚定。某种程度上，正是各民族在建立通商、和亲、屯垦等各种社会联系的过程中，才生成了对中华民族共同体的归属感和眷恋感，由此孕育的民族认同就是具有吸引性的而非排斥性的。现阶段，各民族的情感共同体意识包括五个维度：第一，是对伟大祖国的认同情感。马克斯·韦伯（Max Weber）曾把民族定义为“一种会充分地自我宣称有自己国家情感的共同体”①。爱国主义是中华民族精神的核心，没有对伟大祖国的高度认

①马克斯·韦伯：《民族国家与经济政策》，甘阳译，生活·读书·新知三联书店，1997，第97页。

同，就不可能产生共同体的情感共鸣和团结力量。第二，是对中华民族的认同情感。在历史长河中，各民族共创中华，“中华民族一家亲”的情感纽带从未中断，今天更需要建构、延续、强化这一高层次的民族认同。第三，是对中华文化的认同情感。中华文化不是各民族文化的简单相加，而是各民族文化在长久的互鉴交融中形成的，富含你中有我、我中有你的情感依托。第四，是对中国共产党的认同情感。中国共产党是团结带领各族人民实现民族复兴的主心骨，始终聚焦于全心全意为各族人民谋幸福，是中华民族共同体建设的根本政治保证。第五，是对中国特色社会主义的认同情感。走中国特色社会主义道路是各民族追求共同繁荣发展的必然选择，失去对根本道路的坚守，情感就会失去同一的方向感，中华民族共同体建设进程将会中断。情感共同体意识的这五个维度缺一不可，彼此互为基础又相互统一，牢牢地将各民族结合为水乳交融的情感共同体。在当今全球化思想意识日益多元激荡的时代，没有哪个国家愿意放弃对民族共同体情感认同的培养和塑造，长此以往催生的共同价值追求，能够为中华民族共同体建设提供共情性支持。

（二）价值共同体意识

价值是认同的重要构成要素，是行动的先导与支柱，提供着道德和行为准则。没有共同价值，民族共同体就会陷入无组织、无目标的散乱状态，自然也就不可能建构起强大有力的认同。那么，什么构成了现阶段各民族的价值共同体意识？可以归结为团结奋进建设中国特色社会主义，在此定义之下又包括社会主义核心价值观、坚持中国共产党的领导、中华民族精神等多重内核。匈牙利民族学家米哈伊·霍帕尔（Mihaly Hoppal）认为：价值体系是群体文化遗产的一部分，被作为认知结构一代又一代地传下去；没有价值体系，是不可能传承、获得文化和公认的行为模式的。①个体坚定的价值共同体意识，支撑着中华民族共同体的内在一致结构，这可以从三个方面加以考量：其一，价值确立了共同的价值准则，如民族平等、民族团结等，为各民族建设中华民族共同体提供了坚强的思想保证；其二，价值确立了共同的社会理想，如推动各民族共同走向社会主义现代化、建构互嵌式社会结构和社区环境等，为各民族建设中华民族共同体提供了强大的精神力量；其三，价值确立了共同的精神家园，如构筑中华民族共有精神家园、中华民族大家庭、中华民族历史观等，为各民族建设中华民族共同体提供了丰润的纽带滋养。各民族没有牢不可破的价值共同体意识，就不会有将民族团结精神转化为民族团结奋进的实际行动，也就不可能真正推进中华民族共同体建设。

对于统一的多民族国家来说，民族共同体在政治上成熟的一个重要标志和前提基础，就是拥有共同的价值意识。政治心理学的研究表明，归属被放置在具有明显价值性的群体背景中，共同认同群体主要以对于群体认同的归属为基础②，个体从对其归属的社会群体的认知而获得的群体资格中得到某种价值意义。要对各族人民不断进行“共同体”价值化，如培育符合社会主义核心价值观和现代中国建设要求的公民意识等，从而使他们成为凝聚力更高的国民共同体，这是在国家政治一体化范畴下建设民族共同体无法忽视的积极力量。

---

①米哈伊·霍帕尔：《民族符号学 文化研究的方法》，彭佳、贾欣译，社会科学文献出版社，2020，第 55 页。

②马莎·L. 科塔姆、贝思·迪茨-尤勒、埃琳娜·马斯特斯、托马斯·普雷斯顿：《政治心理学》，胡勇、陈刚译，中国人民大学出版社，2013，第 69 页。

（三）命运共同体意识

对共同体命运的认同可以看作是集体行动的推动因素①。命运共同体意识意味着共同的理念和紧密的关系，如各民族深刻认识到中华民族是一个不可分割的命运共同体，认识到只有共同团结奋斗才能实现中华民族伟大复兴。构建命运共同体意识的关键在于增强对更具包容性的上位群体（中华民族共同体）的一体感②。费孝通先生提出了民族认同的多层次论，认为在多元一体的格局中，56个民族是基层，中华民族是高层，“在这个民族实体里所有归属的成分都已具有高一层次的民族认同意识，即共休戚、共存亡、共荣辱、共命运的感情和道义”③。民族实体的基层与高层的差属造就了民族认同意识的低阶与高阶，即本民族意识与中华民族共同体意识。其中本民族意识表现为对本民族低阶的认同感和归属感，而中华民族共同体意识则表现为对中华民族更高阶的认同感和归属感。就命运共同体意识来说，归根结底是要正确处理好高阶认同意识与低阶认同意识的关系：第一，高阶认同意识与低阶认同意识同为命运共同体意识的构成部分，在民族差异客观存在的现实下，高阶认同意识并不谋求取代低阶认同意识，二者可以并行不悖；④第二，高阶认同意识与低阶认同意识的层级特征，要求低阶认同意识必须服从和服务于高阶认同意识；第三，低阶认同意识与高阶认同意识已结合成相

①查尔斯·蒂利：《身份、边界与社会联系》，谢岳译，上海人民出版社，2008，第5页。

②管健、杭宁：《知情意行：四维一体铸牢中华民族共同体意识》，《南开学报》（哲学社会科学版）2021年第6期。

③费孝通主编《中华民族多元一体格局》修订本，中央民族大学出版社，1999，第125页。

④郝亚明、杨文帅：《中华民族共同体内在结构视域下的共同性与差异性关系》，《云南民族大学学报》（哲学社会科学版）2023年第4期。

互依存、统一而不可分割的整体，这决定了低阶认同意识与高阶认同意识已经紧紧联结为命运共同体意识。

绝大多数观点同意，在一个多民族国家建构认同时，有必要建构一种超然于民族认同的高层次认同意识，以达成民族共同体的稳定建设。实际上，中国近百年来在与西方列强对抗的历史中，“也通过建构一种统一的国家成员身份——中华民族，来建构新的统一的族群认同与国家认同”[①]。由此建构的统一认同意识，就是命运共同体意识，它是国家层面的身份意识。这种意识在今天进一步面向全球治理，分别反映在国内民族问题治理和世界民族问题治理两个层级，即中华民族共同体意识是国家层面最高的社会归属感、是面向世界的文化归属感[②]，对内强化建设中华民族共同体，对外强化构建人类命运共同体。

三、中华民族共同体建设的文化认同支撑

文化认同是最深层次的认同，一个民族必须拥有共同的文化，才可能突显自身共同性的民族特征，因而民族共同体也是文化共同体。文化认同具有典型的社会属性，即文化认同来源于民族成员长期的社会生活实践，“这个术语指的是以有意识的具体的特定文化构型为基础的社会认同。历史、语言和种族对文化认同来说，都是可能的基础，并且它们都是被社会性地建构的现实”[③]。中华文化是由各民族共同创造、传承和弘扬的，它并非各民族文化的简单

① 吴莹：《文化、群体与认同：社会心理学的视角》，社会科学文献出版社，2016，第45页。

② 中共中央统一战线工作部、国家民族事务委员会编《中央民族工作会议精神学习辅导读本》，民族出版社，2022，第70页。

③ 乔纳森·弗里德曼：《文化认同与全球性过程》，郭建如译，商务印书馆，2003，第356页。

相加，而是形成于各民族文化在千百年来不断互鉴融通的社会实践过程。基于社会表征生成的文化认同注定要发挥稳定社会秩序的作用，可以形塑和凝聚中华民族的集体记忆、语言文字、象征符号等认同要素。诚如莫伊尼汉（Moynihan）所言："保守地说，真理的中心在于，对一个社会的成功起决定作用的是文化，而不是政治。"[①]一定意义上，正是各民族共建共享的文化认同，造就了中华民族共同体永续发展、历久弥新的社会底蕴。

（一）中华民族集体记忆

集体记忆是文化层面的概念，是决定民族认同的重大要素。民族代代相承的文化认同，有赖于民族成员内心深处的集体记忆。没有共通的集体记忆，就无从知晓"我"为什么属于中华民族，更无从理解"中华民族"多元一体的独特表征。文化认同孕育于社会之中，而社会是一个不断发展的过程，这导致文化认同赖以生存的社会基础一发生改变，相应的文化认同的内容和形式就都会随之发生变化。这就需要通过向民族成员灌输集体记忆的方式，把那些有可能消失的中华优秀文化内容和形式作为一种文化记忆加以保存，以便时常唤醒群体性的文化认同。莫里斯·哈布瓦赫（Maurice Halbwachs）的《论集体记忆》指出："每一个集体记忆，都需要得到在时空被界定的群体的支撑。"[②]同时他又提醒："尽管集体记忆是在一个由人们构成的聚合体中存续着，并且从其基础中汲取力量，但也只是作为群体成员的个体才进行记忆。"[③]上述阐释既说明了集

---

①劳伦斯·哈里森、塞缪尔·亨廷顿：《文化的重要作用：价值观如何影响人类进步》，程克雄译，新华出版社，2010，《前言》第1页。

②莫里斯·哈布瓦赫：《论集体记忆》，毕然、郭金华译，上海人民出版社，2002，第26页。

③同上书，第25页。

体记忆存在于个体与集体两个方面，同时也提出了集体记忆要在个体与集体两个方面建构的要求。从中华民族集体记忆的来源来说，它形成于各民族交融汇聚为多元一体中华民族的历史，在这一过程中各民族的文化认同不断加深。从中华民族集体记忆的载体来说，它实存于中华民族这一民族实体之内，并在今天进一步发展为中华民族共同体。从中华民族集体记忆的建构来说，它包含中华民族共同体、各民族之间、民族成员三个建构维度，哪一个都不可或缺。

中华民族集体记忆不仅是一个既定的概念，还是一个社会建构的概念。集体记忆为中华民族构筑了一个共有的精神家园，但绝不仅仅局限于精神意识层面，还“深刻而全面地融汇到了人类的日常生活之中。记忆成了极具现实感的‘生活世界’或‘生活现象’”①，这就需要为之打造适合其生根发芽的社会情境。举例来说，如何强化“四个共同”历史这一集体记忆？单纯依靠宣传教育的方式显然是不够的，因为无形的记忆必须依靠有形的情境加以呈现，依托古典古籍、博物展览、生活交往等多种方式结合才能实现。我们要根据国家社会发展的需要，时常唤醒和重构中华民族的集体记忆，推动各民族持续增强对中华民族的认同感和自豪感。

（二）国家通用语言文字

共通的语言文字是维系和发展民族共同体的基础条件。对于语言共同性的感受和对民族共同体的归属感成为维持本体安全的一个来源②。没有共通的语言文字，各民族交往交流交融就难以进行，也就难以形成认同。共同的公共文化是民族的关键特征，这种共同的

①赵静蓉：《文化记忆与身份认同》，生活·读书·新知三联书店，2015，《导论》第2页。

②安东尼·吉登斯：《民族—国家与暴力》，胡宗泽、赵力涛译，生活·读书·新知三联书店，1998，第117页。

文化体现在拥有成文的和标准的民族历史[①]，这需要依靠国家通用语言文字的表达书写来达成。此时语言文字不仅仅作为一种文化象征出现，更作为文化认同的建构工具出现，起着表达和执行意向的功能。[②]各民族的文化既有共同性部分，又有差异性部分，如何才能把中华民族文化层面多元一体的历史事实讲清楚？又如何让各民族自觉认同多元一体的文化事实？国家通用语言文字通过在各民族语言文字之上，形成一种上位的共同语言文字，来塑造通用语言文字与使用通用语言文字群体的内在一体性，创造出共识性的文化认同。使用国家通用语言文字，不仅是各民族交往交流交融的需要，还是国家法律的制度性要求，例如《中华人民共和国国家通用语言文字法》第三条规定："国家推广普通话，推行规范汉字。"使用国家通用语言文字是各族公民必须履行的公民义务。推广普及国家通用语言文字，还要处理好国家通用语言文字与各民族语言文字的关系。一方面，要认识到国家通用语言文字是前提，中华民族多元一体格局的形成发展，离不开国家通用语言文字的普及推广；另一方面，也要认识到中华民族是由56个民族组成的大家庭，各民族在自我发展的过程中形成了本民族的语言文字，这些多姿多彩的语言文字都是中华文化的宝贵遗产。

在今天各民族人口规模性流动和融居的背景下，不同文化之间的互动与碰撞已成为常态，从前较为固定的文化认同，也变得容易发生嬗变。这使得文化认同必定要在一种相对复杂的社会情境中建

---

①安东尼·史密斯：《民族主义：理论、意识形态、历史》，叶江译，上海人民出版社，2006，第14页。

②约翰·塞尔：《心灵、语言和社会——实在世界中的哲学》，李步楼译，上海译文出版社，2001，第141—142页。

构，而语言文字是影响各民族交往交流交融的第一道障碍。国家通用语言文字让各民族在多元的文化情境中，通过共同的语言文字加深相互的了解、提升相互的情感、增加相互的交往，有助于消除族际认识上的刻板印象、态度上的偏见或行为上的歧视。另外，将国家通用语言文字作为文化认同的建构要素，要注意从言语与书写两个方面进行同步努力，言语和书写相互关联而非各自独立，只会言语不会书写，或者是只会书写不会言语，都不能有效建构起民族之间双向的文化认同。

（三）中华文化符号和中华民族形象

符号和形象构建了人类文化的意义世界，是人们形成文化认同的功能要素，即“文化作为一种存储和传递信息的系统，只有在使用符号时才能运作”①。中华文化符号和中华民族形象烙印着中华民族共同的文化基因，在具体化显现各民族文化认同的同时，也是对中华民族共同体意识的外在凝练表达。中华文化符号和中华民族形象对于建构文化认同起着两个作用，一个是承载文化认同，另一个是表达文化认同。从承载文化认同来说，如果文化认同包含的中华文化特征、中华民族精神、中国国家形象等内涵，没有实体的载体进行客观化呈现，那么文化认同就难以内化于各民族心中，外化于各民族行动。从表达文化认同来说，文化认同指向的共同的情感、共同的价值、共同的记忆等意蕴，需要在个人、他者与群体三者之间建立紧密的联系，否则建构的认同将只是囿于民族成员的狭义认同，而不是趋同于中华民族的广义认同。这就必须通过建筑、影视、标识等媒介进行具象化表达，以便让文化认同完成从个体认

①米哈尔·霍帕尔：《民族符号学 文化研究的方法》，第52页。

同到集体认同的深入、普及、升华。从符号结构主义角度来看，中华文化符号和中华民族形象创建了一种中华民族共有的“精神语言”[①]，不仅形成建构中华民族共同体结构的能力，也形成使各族人民遵从于中华民族共同体结构要求的能力。

在文化社会学家眼中，人类社会是一个象征符号的社会。文化符号体系无处不在地渗透着人们的社会生活，而渗透的方式正是通过符号和形象，它构成了我们对现实的理解和交流的基础，个体只有将自身置于群体的文化认同体系之中，才能获取社会秩序的价值与意义。[②]树立和突出各民族共享的中华文化和中华民族形象，一方面为各民族确立了增进共同性的准则，民族成员可以依据由此象征的民族基质来界定自己的文化认同；另一方面也为各民族提供了包容差异性的场景，民族成员可以用不同的方式去表达对中华民族同样的文化认同。也就是说，符号与形象不仅确立了各民族对中华民族共同体的认同，还能提供让各民族置身其中体验并参与建构认同的途径，如各族群众体验民族文化、参与民族标识设计等。

四、结论与探讨

推进中华民族共同体建设，本质上是要强化各民族对中华民族共同体的认同支撑。政治认同、心理认同、文化认同等要素支撑，无疑能够为更深层次推进中华民族共同体建设打牢认同基础。从政治认同要素支撑来说，民族与政治是组成民族共同体的两个基本单元，多元的民族想要实现与一体的政治等价建构，就必须强化政治

①泰伦斯·霍克斯：《结构主义与符号学》，翟晶译，知识产权出版社，2018，第6页。

②张意：《文化与符号权力：布尔迪厄的文化社会学导论》，中国社会科学出版社，2005，第1页。

认同的合法性，这是民族共同体建设正当性的最高形式①。强化国家、制度、公民等层次的政治认同意识，有助于促进民族国家的稳定形态、政治制度的有效规范、现代公民的忠诚责任，为中华民族共同体建设提供团结统一的合法性支撑。从心理认同支撑来说，"归属于某个群体（无论它的规模和分布如何）在很大程度上是一种心理状态（psychological state）"②，中华民族大团结的集体表征，由各民族心理融合过程所缔造，并且这一心理过程会生成明显的共同体行为，如维护中华民族的团结统一、遵从中华民族的多元一体等。强化情感、价值、命运等层次的心理认同要素，有助于促进各民族在理想、信念、情感等方面的守望相助、手足情深，为中华民族共同体建设提供依存亲近的情感性支撑。从文化认同支撑来说，文化作为一种社会现象，形成于社会又反作用于社会，文化认同确立了个体社会生活共同认可和服从的规则和模式③，并可在社会进化中将其转化为约定俗成的共同体信念和行为，构筑中华民族潜移默化的精神或仪式秩序，如"大一统"的传统思想、爱国主义行动等。强化民族集体记忆、国家通用语言文字、中华文化符号和中华民族形象等层次的文化认同要素，为中华民族共同体建设提供了多元一体的共识性支撑。

通常情况下，我们多以社会心理学的范畴来界定认同，并据此认为认同是相对固定和稳定的。但实际上并非如此，即便是最深层

①卡尔·施米特：《政治的概念》增订本，刘宗坤、朱雁冰等译，上海人民出版社，2018，第219页。

②迈克尔·A.豪格、多米尼克·阿布拉姆斯：《社会认同过程》，高明华译，中国人民大学出版社，2011，第4页。

③马文·哈里斯：《文化的起源》，黄晴译，华夏出版社，1988，第183页。

次的文化认同，也难免会经历变化或消解的过程，这导致文化共同体可能遭遇解体的危机。认同的这种稳定与变化的两种面向，给建构认同带来一个相当棘手的难题：民族共同体所要求的凝聚性，怎样才能与族际的分化性实现辩证共存？这就需要从构成认同的要素入手，因为正是这些认同要素的日渐累积或突然变化决定着族际关系的形式。如果这些要素是正面的，如国家现代化建设水平持续提升，各民族交往交流交融日益频繁等，那么族际关系就会充满合作和友爱，认同就会随之上升。如果这些要素是负面的，如国家政治体制不够规范健全，社会结构和社区环境趋于平行分化等，那么族际关系就会充满竞争和敌意，相应的认同也会随之下降。简而言之，建构认同是一个需要持续努力的过程，认同不是建构起来就完成了，它会时常遇到内外部分解和衰落的威胁，因而不断对认同要素进行确认、修正或重构就成为民族共同体建设的一项常态化任务，也难怪欧内斯特·勒南（Ernest Renan）径直将现代民族定义为每日举行的公民投票①。

影响中华民族共同体建设的认同要素可能包罗万象，这些认同要素是相互关联而不是相互独立的，它们有着各民族共同的美好向往，即推动中华民族成为认同度更高、凝聚力更强的命运共同体。查尔斯·泰勒（Charles Taylor）认为人们对善的渴望是现代认同的根源："这个需要与他们看作善的、或极其重要的、或基本价值的东西相关联，或相联系。"② 那么以要素关联视角考察中华民族共同体的认同支撑就是一个必要且合理的方式。

---

①Ernest Renan, *What Is a Nation, and Other Political Writings* (Columbia University Press, 2018), pp. 261–262.

②查尔斯·泰勒：《自我的根源：现代认同的形成》，韩震等译，译林出版社，2008，第54页。

正确把握共同性和差异性的关系

——铸牢中华民族共同体意识的一个关键性问题[①]

作为中国特色解决民族问题正确道路的核心内容之一，铸牢中华民族共同体意识实质上已经成为新时代党的民族工作的旗帜与方向。作为民族工作领域的顶层战略设计，铸牢中华民族共同体意识具有总体性和抽象性的内在特征，因而亟须发掘出合适的“中继器”作为理论支点和工作抓手，才能确保在“新时代民族工作举什么旗、走什么路等重大问题”[②]上不出现理论方向和实践目标的偏误。系统审视当前关于铸牢中华民族共同体意识的政策文本和学术成果，不难看出，2021 年中央民族工作会议提出的“正确把握共同性和差异性的关系”[③]就具备承担此种中继使命的潜力。之所以作出这样的判断，是因为正确把握共同性和差异性的关系，无疑就是铸

①本文原发表于《中央民族大学学报》（哲学社会科学版）2023 年第 6 期。第二作者杨文帅系南开大学周恩来政府管理学院博士研究生。

②《以铸牢中华民族共同体意识为主线　推动新时代党的民族工作高质量发展》，《人民日报》2021 年 8 月 29 日第 1 版。

③同上。

牢中华民族共同体意识的理论重点与实践难点所在。就理论层面而言，以共同性和差异性关系作为认识基点，铸牢中华民族共同体意识相关的基础性理论问题都能得到进一步明晰；就实践层面而言，如果处理不好共同性和差异性的关系，中华民族共同体意识势必无以为继，更可能危及多民族国家建设乃至中华民族伟大复兴的战略全局。鉴于当前学界对“正确把握共同性和差异性的关系”的认识尚不够充分、全面、系统、深入，本文尝试将其与铸牢中华民族共同体意识的现实背景、政策目标、实践方向、基本性质等问题关联起来进行分析，以期引发学界对这一主题的进一步关注与重视。

一、正确把握共同性和差异性的关系揭示了铸牢中华民族共同体意识的政策背景

将抽象的政策话语带回到丰富的现实背景之中，对于准确理解政策的理论内涵以及合理规划政策的实践路径而言，都是极为必要且极有帮助的。就党中央为何提出铸牢中华民族共同体意识这一全新课题，学界探讨分析了诸如部分民众民族意识高涨、局部地区民族关系紧张、国家认同与次国家认同张力明显、国内外敌对势力操弄中国边疆民族问题等现实缘由。[①]这些学理分析，都指向一个深层次因素，即共同性和差异性关系失衡问题。将共同性和差异性的内在张力作为党中央提出铸牢中华民族共同体意识的现实背景进行审视，可以从基本国情、历史格局、战略时期、时代背景等若干角度予以详细解读。

历史形成的统一的多民族国家这一基本国情，决定了正确处理

---

①郝亚明、秦玉莹：《“铸牢中华民族共同体意识”政策议程设置研究——基于多源流理论模型的分析》，《学术界》2022年第6期。

“一体”与“多元”的关系始终是中国国家建设的核心议题。中国共产党在国内革命战争与抗日战争过程中积累了丰富的边疆民族工作经验，在中华人民共和国成立后创造性地以民族区域自治的基本政治制度与民族团结进步的民族工作策略相结合为主要特征，成功走出了一条中国特色解决民族问题的正确道路。① 与此同时，统一的多民族国家建设中的一些挑战性因素依然存在，在局部地区甚至有所凸显，其症结所在直指共同性和差异性两者内在张力问题。我们把民族多样性视为国家建设的特色和动力，绝非固化或强化差异性，而是要看到多样性中不仅蕴含着差异性，还蕴含着共同性。多样性与差异性的存在并不必然以削弱或牺牲共同性为代价，而是可以最终形成尊重差异性与增进共同性并行不悖的局面。不可否认的是，一段时间以来，民族工作实践与民族理论研究中呈现出“差异性凸显、共同性不彰”的趋向，这显然与各民族共同性因素普遍存在的客观事实相悖，也与统一多民族国家建设的条件要求不符。在对当前形势客观研判的基础上，党中央对中华民族共同性问题日益重视，提出并不断强调中华民族共同体意识，在相当程度上正是为了针对性解决民族领域中出现的共同性和差异性关系失衡的问题。

中华民族多元一体格局是强调正确把握共同性和差异性关系的历史结构基础。一方面，分布在中国辽阔疆域上的各族民众，在适应和改造各种不同类型生存环境的过程中，自然而然地产生了生产生活方式、语言文化、风俗习惯、服饰居所等方面的差异。无论是作为一种历史印记，还是作为一种民族意识，这种差异性都是客观存在的。另一方面，千百年来中国各族人民共同在这片土地上生

①郝亚明：《铸牢中华民族共同体意识的若干话语趋向》，《民族研究》2022 年第 4 期。

息繁衍，人员交往、文化交流、民族交融，各民族的共同性、互嵌性、关联性持续增强，逐步形成了相互融合、不可分割的多元一体格局。早在20世纪80年代，费孝通先生提出中华民族多元一体格局概念的时候，也指出了这一格局自身的几个特征。“中华民族作为一个自觉的民族实体，是近百年来中国和西方列强对抗中出现的，但作为一个自在的民族实体则是几千年的历史过程所形成的。”[①] 中华民族作为现代民族出场较晚，它最大的问题是与现代国家形态之间匹配还不够完善，这就使得加强中华民族共同体建设成为必然的选择。又如，费孝通先生指出，中华民族作为民族统一体存在“分而未裂、融而未合”[②] 的内在结构特征。中华民族的此种内在结构特征决定了其内部张力的存在，因而必须强调整体性的力量来维持多元与一体之间的平衡，以确保多民族国家的统一与安宁。就此而言，铸牢中华民族共同体意识是维持中华民族内部结构的需要。

正确把握共同性和差异性关系是应对百年未有之大变局风险挑战的必要手段。“当今世界正经历百年未有之大变局……世界进入动荡变革期。”[③] 在此时代背景之下，中国的边疆民族问题时常成为境内外敌对势力勾连渗透、颠覆国家统一、破坏民族团结的借口或工具，如利用边疆民族问题破坏中国国家主权和领土完整、利用民族分裂和宗教极端思想流毒渗透颠覆、利用单边主义手段肆意抹黑攻击中国民族事务治理等。敌对势力的阴谋和伎俩是无限放大各

---

①费孝通主编《中华民族多元一体格局》修订本，中央民族大学出版社，1999，第3页。

②同上书，第36页。

③习近平：《在深圳经济特区建立40周年庆祝大会上的讲话》，《人民日报》2020年10月15日第2版。

民族的差异性，极尽可能地瓦解中华民族的共同性，通过操纵民族差异性大做文章，不断挑拨民族关系、制造民族矛盾、伤害民族感情，以此破坏中华民族共同性的建设根基，进而达成阻碍中华民族伟大复兴的地缘政治阴谋。上述变局之下，中国民族问题深受外部势力干扰和国际斗争日趋尖锐的压力，所以新时代党的民族工作必须以全球治理视野正确把握共同性和差异性的关系，积极防范和抵御国际上错误思想的影响和敌对势力的渗透颠覆图谋，构筑民族团结的牢固思想防线，防止因共同性与差异性问题对统一的多民族国家建设产生解构威胁。

正确把握共同性和差异性关系是中华民族实现伟大复兴的内在要求。“两个大局”面前，机遇与危机并存。当前正值中华民族伟大复兴进程的爬坡期、冲刺期，各族人民凝心聚力、团结奋斗是顺利跨越各种艰难险阻的根本保障。团结的力量来源于群体内部价值和利益取向的共同性、一致性，中华民族共同体并非同质的共同体，而是可以视作“差异的统一体”①，中华民族既有同属于中华民族大家庭的内在本质，也具有 56 个多元民族小家庭构成的外在表征。共同性和差异性共存是共同体的天然底色，忽视共同性或无视差异性，都不利于中华民族在大团结大联合中实现伟大复兴。共同性为中华民族共同体提供了认同载体和纽带，将分散的个体民族融合为整体的民族共同体，进而推动各族群众凝心聚力、团结一心，积极投身于实现中华民族伟大复兴的事业；差异性为中华民族共同体供给了结合要素和结合活力，各民族将存在的客观差异牢牢融合

① 斐迪南·滕尼斯：《共同体与社会——纯粹社会学的基本概念》，林荣远译，商务印书馆，1999，第 74 页。

为共同体的构成部分，这样各民族与中华民族就是主动结合的整体而非被动对立的个体，避免了共同体的内部分裂及外部侵扰。在新时代党的民族工作中正确把握共同性和差异性的关系，切实打牢中华民族共同体意识的社会基础和思想基础，是全国各族人民团结应对全面建设社会主义现代化国家和全面推进中华民族伟大复兴新征程中各类不确定、难预料因素的必要前提。

二、正确把握共同性和差异性的关系框定了铸牢中华民族共同体意识的政策目标

中国统一的多民族国家的基本国情，要求在国家建设中调控“一体”与“多元”的内在张力问题；中华民族多元一体的格局，要求在中华文明延续中明确“一体”与“多元”的主线定位问题；“两个大局”的时代背景，则要求在中华民族伟大复兴的历史方位中妥善应对“一体”与“多元”的关联挑战问题。铸牢中华民族共同体意识，首先必须正确把握和妥善处理共同性和差异性这一对核心关系。2021 年中央民族工作会议首次确立了“增进共同性、尊重和包容差异性”① 这一重要工作原则，并且要求做到共同性和差异性的辩证统一。在某种意义上，该政策指向深刻回答了事关民族工作全局的方向问题，从根本上框定了铸牢中华民族共同体意识的政策目标和实践遵循。

其一，以增进共同性推动中华民族共同体建设。共同体的形成与维持有赖于群体内部的共同性联结，其要想保有和发展这种广受成员认可的稳定形态，就需要不断强化和巩固自身的共同性。在以

① 《以铸牢中华民族共同体意识为主线 推动新时代党的民族工作高质量发展》。

铸牢中华民族共同体意识为主线的新时代，对中华民族共同性的发掘与提升已经成为民族工作实践的价值旨归，要求我们必须按照增进共同性的方向做好新时代党的民族工作。随着国内外局势面临全新的问题和挑战，中华民族的共同性根基遭遇多重侵蚀，共同性和差异性的关系面临失衡风险，这亟须通过进一步增进中华民族的共同性来加以解决。以铸牢中华民族共同体意识为主线，根本目标是要稳固、发掘、提升、拓展中华民族的共同性，并确保其能够涵盖包括中华文化和各民族文化、中华民族共同体意识和各民族意识、中华民族利益和各民族利益等在内的各个领域。明确按照增进共同性的方向推动中华民族共同体建设，通过“五个认同”“四个与共”“三个离不开”等具体政策指引，将共同性与统一的多民族国家的建设要求、实现中华民族伟大复兴的战略全局相结合。

其二，铸牢中华民族共同体意识要尊重和包容差异性。56个民族都是中华民族不可或缺的构成部分，中华民族共同体以共同性和差异性共生共存为基础。首先，中华民族共同体并非同质共同体，增进共同性也并非片面追求同质性。共同性和差异性共同构成中华民族关联共生的内在结构，这与中国统一的多民族国家的基本国情高度吻合。中华民族几千年来经历了“求同”与“存异”的共生过程，共同性促成了中华民族的整体性，差异性丰富了中华民族的多彩性，中华民族共同体因而展现出殊途一体的内在特征和缤纷斑斓的整体面貌。其次，存在差异性是中华民族共同体的客观事实。由于历史和现实的原因，各民族之间的客观差异性不会在短期内消失，不承认这种差异性，就难以调动各民族大团结的力量进而真正凝聚共同性。在一定程度上，尊重和包容各民族在风俗习惯、建筑风格、文化艺术等方面的差异性，也是铸牢中华民族共同体意识的必要方式。最后，尊重和包容差异性能够促进中华民族共同体意识的形成。无视差异性，不仅不符合民族差异客观存在的事实，还会滋生族际之间的不信任感，铸牢中华民族共同体意识的工作就难以凝聚共识。在不削弱不危害共同性、剔除落后的影响民族进步因素的前提下，尊重和包容民族差异性中的积极部分，目的是要在承认各民族自身特性的基础上，最大限度地夯实中华民族的共同性根基，继而在人心凝聚、团结奋进中不断铸牢中华民族共同体意识。

其三，致力于将共同性和差异性的关系从对立消解调适到辩证统一。共同性和差异性的关系是辩证统一的，“有同无异，没必要强调共同体；有异无同，形成不了共同体”①。中国作为历史形成的统一多民族国家，如何调适共同性和差异性的关系历来是重中之重，也是决定国家统一和民族团结的基础性问题。有关中华民族共同体共同性和差异性的关系，往往存在“对立消解”的理论和实践误区，将中华民族共同体的共同性和差异性的关系视为此消彼长的对立关系，或认为铸牢中华民族共同体意识就是强化共同性而否定差异性，或认为共同性和差异性不能共存，乃至持有要么增进共同性要么消解共同性的二元对立论。2021 年中央民族工作会议强调要“做到共同性和差异性的辩证统一”②，并视之为新时代加强和改进民族工作的重要原则，就是要把上述“对立消解”的认识误区调节到“辩证统一”的正确方向上。正如马克思主义所指出的那样，“只有在共同体中，个人才能获得全面发展其才能的手段，也就是说，只

① 尤权：《做好新时代党的民族工作的科学指引 学习贯彻习近平总书记在中央民族工作会议上的重要讲话精神》，《中国民族》2021 年第 11 期。

②《以铸牢中华民族共同体意识为主线 推动新时代党的民族工作高质量发展》。

有在共同体中才可能有个人自由”[①]。共同体中的个体关系是互依性关系，共同性是个体全面自由发展的必要条件，当然，共同体只有兼顾个体的差异性，才能实现共同体的全面自由发展。将中华民族共同体内共同性和差异性的关系从对立消解调适到辩证统一，构建了这样一个认知图景：共同性是主导、根本和前提，差异性是从属、基础和要素。现阶段正确认识和处理两者的关系，必须牢牢坚持两个原则：第一，要凸显共同性的方向，深刻认识共同性之于中华民族和多民族国家建设的积极意义；第二，要平衡两者关系，既不以差异性削弱共同性，也不以共同性否认差异性。

三、正确把握共同性和差异性的关系指明了铸牢中华民族共同体意识的实践方向

党中央提出“按照增进共同性的方向改进民族工作”[②]的要求，指明了共同性是中华民族共同体的存续命脉，没有共同性就没有中华民族共同体。因此，正确把握共同性和差异性关系，首先要明晰和确立增进共同性这个实践指引。实际上，中华民族共同体意识提出的背景和初衷都旨在发掘和培育中华民族共同性[③]，只有按照增进共同性的方向铸牢中华民族共同体意识，才能凝心聚力，有效应对中华民族伟大复兴道路上的内部挑战与外部压力。遵照这一逻辑理路，可从以下五个具体实践层面着力推进，全方位增强各民族之间的共同性联结。

---

①中共中央马克思恩格斯列宁斯大林著作编译局编译《马克思恩格斯文集》第 1 卷，人民出版社，2009，第 571 页。

②《以铸牢中华民族共同体意识为主线 推动新时代党的民族工作高质量发展》。

③郝亚明：《中华民族共同体建设的三个维度》，《西北民族研究》2021 年第 1 期。

其一，在构筑中华民族共有精神家园中增进共同性。中华民族是一个绵延不绝的民族实体，同时又蕴含极其丰富的精神世界，这构成了增进共同性的认同基础。社会存在决定社会意识，各民族在千百年来不断追求团结统一的社会生产生活中，构筑起了共通共融共享的语言文化、情感心理、伦理价值等思想纽带，这在今天集中表现为中华民族共同体意识。族群认同理论认为，族群共有的精神、形象、符号等文化资源，又使它们能适应现代的地缘政治、经济和文化条件，是加强民族统一的基础。[①] 要正确把握物质和精神的关系，两者相辅相成、相互转换促进。我们在认识到经济社会发展是解决民族问题总钥匙的同时，也要认识到经济社会发展并不会自然而然生成中华民族共同体意识，畸重于物质家园建设而轻视共有精神家园构筑，族际差异的强化泛化固化，都有可能会造成中华民族共同体内部产生认同危机和离心主义的恶果。现阶段，要通过做好铸牢中华民族共同体意识宣传教育工作，引导各族群众建立现代化思想观念，推广普及国家通用语言文字等方式，持续强化各民族人心凝聚、团结奋进的强大精神纽带。

其二，在树立正确的中华民族历史观中增进共同性。中华民族的共同性形成于各民族长久的历史交融汇聚过程，各族人民因此产生了巨大的向心力和亲和力。正确的中华民族历史观，能够有效彰显中华民族发展历程与各民族发展历程的内在关联，能够有效建构中华文化与各民族文化的内在关联，能够有效建构中华民族整体利益与各民族利益之间的内在关联，从而切实提升各族人民对中华民

---

①安东尼·史密斯：《民族主义：理论，意识形态，历史》，叶江译，上海人民出版社，2006，第 139 页。

族的认同感、归属感、自豪感。由此可见，坚持正确的中华民族历史观既是增进共同性的历史基础，也是增进共同性的历史维度。中华民族多元一体的结构特征，并非短促偶发于近现代，而是积淀于各民族交往交流交融的历史长河，可以说中华民族很早就自带趋向共同性与尊重和包容差异性的历史基因。当前，牢固树立正确的中华民族历史观，就是要让全国各族人民充分了解各民族共创中华的历史进程，就是要让各族人民充分唤起命运与共的历史记忆，就是要让各族人民充分认识中华民族多元一体格局的历史渊源，客观看待共同性和差异性的融合共存现状，正确把握中华民族“一”与“多”的辩证关系，不断强化各民族“四个共同”“四个与共”“五个认同”等共识。

其三，在促进各民族深度交往交流交融中增进共同性。人是一切社会关系的总和，共同体作为人群共同体，总要存在于一定的社会关系之中，这决定了其结合原因和结合动力。从这个角度而言，促进各民族交往交流交融是增进共同性的社会基础。中华民族共同体具有空间、文化等全方位嵌入的特征，只有不断促进各民族在理想、信念、情感、文化上的团结统一和守望相助，营造各民族共居共学共事共乐的共同性社会条件，才能有效预防和消减因差异性而产生的矛盾和摩擦。大量研究表明，族际交往交流交融的缺失，会导致群体排斥乃至社会撕裂，产生共同体意识匮乏的“平行社会”①。党中央积极促进各民族交往交流交融，目的在于建立“各民族全方位嵌入式”社会，进而为消除民族隔阂和实现民族交融创造

①Mueller C.,“Integrating Turkish Communities: A German Dilemma,” *Population Research and Policy Review*, No.5（2006）: 419–441.

良好条件。要充分顺应我国各族人口大流动大融居的新趋势，通过促进各民族人口流动融居、深化民族团结进步创建工作、加快构建互嵌式社会结构和社区环境、做好城市民族工作等途径，构筑各民族在各领域各层次广泛交往、全面交流和深度交融的社会共同体形态，为铸牢中华民族共同体意识提供共同性的社会结构支撑。

其四，在推动各民族共同走向社会主义现代化中增进共同性。当前各民族之间存在的客观差异，部分源于各民族经济社会发展不平衡不充分的现实。时至今日，全国范围保持了经济的快速增长和社会的长期稳定，各民族携手接连取得打赢脱贫攻坚战、全面建成小康社会等伟大成就，极大增强了中华民族共同性的物质和精神基础。然而也应看到，民族地区仍然是全面建设社会主义现代化国家新征程中的短板，高质量发展仍然受到许多因素制约，由于发展滞后所衍生出的一系列差异性问题，无疑对增进共同性造成了严重阻碍。利益是共同体结合的基础，各族群众的获得感、幸福感、安全感在很大程度上来源于生产力的发展水平，发展经济、改善民生能够显著缩小各地区各民族之间的差异性。党中央提出推动各民族共同走向社会主义现代化，致力于实现各民族共同繁荣、共同发展、共同富裕，支持民族地区全面深化改革开放、统筹发展安全两件大事，推进固边兴边富民行动等差别化区域支持政策，旨在提升各地区自我发展能力，以改革发展彰显中华民族共同体意识的意义，从而促进各民族在更大范围、更多领域、更深层次增进共同性。

其五，在加强和完善党的全面领导中增进共同性。铸牢中华民族共同体意识更加强调国家层面的政治归属和政治认同，因此对共同体共同性的追求、共同体差异性的调衡，同样需要通过国家政治建构的过程。学界普遍认为，作为由共同文化维系的民族共同体，与国家形式结合而成的政治社会存在着根本性的差别。[①]中华民族拥有 5000 多年的共同体发展历史，其内部虽早已具备你中有我、我中有你、谁也离不开谁的共同性纽带，但在近现代以来多次遭遇的民族解构危机表明，如果没有强有力的执政党领导和现代化的国家政治制度，中华民族高度凝聚的共同体形态很难永久保持。中国共产党的领导是中华民族命运共同体建设的根本政治保证，中华民族伟大复兴的历史使命只能由中国共产党领导全国各族人民来完成。[②]不论是应对国内问题还是国际危机，只有把处理共同性和差异性的关系纳入党的全面领导的正确轨道上，才能将铸牢中华民族共同体意识融入国家现代化建设的全过程。

四、正确把握共同性和差异性的关系彰显了中华民族共同体的基本性质

中华民族共同体是一个在历史与现实交融中形塑的、共同性和差异性兼具的命运共同体，这界定了中华民族共同体的基本性质。"中华民族"等概念虽然是近现代才出现的术语，但其本体是在几千年来各民族交融汇聚成多元一体、各地域共同追求"大一统"的历史过程中形成的，各民族共同缔造了统一的多民族国家，构建了多元一体的中华民族共同体。回溯中华民族五千多年的文明历程，各民族之所以能够从"多元"走向"一体"，源自各民族人心归聚和精神相依的内生动力。换言之，多元一体的民族性早已融入中华

①菲利克斯·格罗斯：《公民与国家——民族、部族和族属身份》，王建娥、魏强译，新华出版社，2003，第 27 页。

②郝亚明：《论中华民族命运共同体建设的五大基础路径》，《西南民族大学学报》（人文社会科学版）2020 年第 5 期。

民族的共生血脉，“一体”与“多元”的互嵌互构早已成为中华民族无法湮灭的演进基因。由历史延续而来的中华民族共同体，成功将中华民族多元一体的历史格局和发展优势保留至今，其中“一体”明确主线和方向，“多元”提供要素和动力，共同推动中华民族走向包容性更强、凝聚力更大的命运共同体。

中华民族共同体是历史延续的有机整体。各民族历史上的迁移、分化、融合所造就的各种关联性，共同奠定了中华民族共同体的基本面貌。[①]因此，尽管中华民族共同体作为政策话语是2014年后才广泛进入大众视野的，但其实历史上“华夏民族”“中华”“九州”等术语都属于中华民族共同体的较早形态，及至近现代明晰的“中华民族”“中华民族是一个”“中华民族大家庭”等术语无一不是如此。中华民族的形成与发展既是一部各民族汇聚融合的历史，也是各民族共同构建巩固命运共同体的历史。各民族共同开拓辽阔疆域、共同书写悠久历史、共同创造灿烂文化、共同培育伟大精神。“四个共同”清晰概括出中华民族历史延续共同体的科学内涵。“四个共同”理念贯穿于中华民族起源、形成和发展的全过程，同时中华民族的演进特征又集中地表现于“四个共同”方面。根据中华文明探源工程及相关学科研究的考证，中华民族原初就是由多个地域氏族融合而来，炎帝、黄帝、蚩尤等分布在黄河中下游与长江中下游广大地域的部落，经过涿鹿之战后，逐渐确立了中华民族同祖共源的认同记忆，形成了各民族悠久密切的文化关系，并奠定了后世中国“大一统”理念的思想渊源。此后，中华民族又经历了长久孕

①麻国庆：《费孝通民族研究理论与“合之又合”的中华民族共同性》，《中央民族大学学报》（哲学社会科学版）2020年第4期。

育文明共同体的过程，分散的民族单位渐进至“多元合一”。以王朝国家场域中的“华夷一统观”为例，“包含了承认文化差异、讲求和而不同等理念，同时也强调汉族与少数民族、内地和边疆的整体性和不可分割性”①。有学者在考究“中华”概念后认为，在魏晋南北朝至隋唐时期这一概念发生了巨大转变，“中华”从最初用来区分“胡族”与“汉族”，到逐渐兼容胡汉、兼容南北，再到唐代最终成为新的胡汉融合体的统称，这正体现了此概念具有极大的开放性与包容度。② 正是各民族共创中华文化的开放性与包容性的文明特质，使得中华民族的文明版图不断得到拓展扩大。中华民族在近代遭遇列强凌辱的民族危机证明，各民族的“多元”如果无法凝聚为“一体”，中华民族就会面临解构的威胁；反之，各民族的“多元”如果高度凝聚为“一体”，中华民族共同体的结构就会更加稳定。中华民族在长期历时性的互动联合过程中，各民族间的有机联系日益增加，只有不断超越民族之间“小我”的差异性，中华民族“大我”的共同性才得以绵延不绝地形塑和发展。

中华民族共同体是现实建构的有机整体。中华民族共同体作为共同体实体，与“想象的共同体”有着本质区别，但相对中华民族伟大复兴的战略需求而言还存在差距，这一差距集中体现于对中华民族共同性的挖掘和凸显上。中华民族实体结构特征直到近代才完成从传统性向现代性的急促转变，短期内难以系统性构建起中华民族的共同性基础并催生对中华民族的自觉认同。由此造成了一个十

① 严庆、平维彬：《“大一统”与中华民族共同体意识的形成》，《西南民族大学学报》（人文社会科学版）2018 年第 5 期。

② 石硕：《胡入中华：“中华”一词的产生及开放性特点——东晋南北朝至隋唐胡汉融合与“中华”词义嬗变》，《清华大学学报》（哲学社会科学版）2022 年第 4 期。

分严重的后果：共同性和差异性两者之间的内在张力，持续困扰着中华民族建构和现代国家建设的实践进程。共同体内生的稳定性，一定程度上来源于成员的共同性，这就要求差异性始终要界限于共同性之下，否则共同体的稳定性将难以为继，存续也面临危机。共同体被视为集体社会的行动者，个体只有通过共同体这个主体，才能在自身的经验中获得完整的意义。[①]换言之，各民族只有置身于中华民族整体框架之下才有自由而全面发展的可能。新时代党的民族工作面临世界进入新的动荡变革期、中华民族伟大复兴进入关键期等时代特征，这就要求我们必须遵循增进共同性、尊重和包容差异性的基本原则建设中华民族共同体，共同团结应对民族领域风高浪急甚至惊涛骇浪的重大考验。首先，必须明确中华民族是一个实体民族的认识。不可否认，当前一定程度上还存在着将中华民族虚体化的错误认知。事实上，各民族在数千年来交往共生、经济互助合作、文化交流互鉴的生产实践中，早已内蕴生成明确的中华民族共同体意识。这种共同体意识内嵌于历史、文化、生活，植根于经济、政治、社会，为中华民族作为实体民族提供了坚实有力的支撑。其次，要处理好大家庭与不同成员的关系。中华民族与各民族的关系，是一个大家庭和家庭成员的关系；各民族之间的关系，是一个大家庭里不同成员间的关系。[②]中华民族大家庭为56个家庭成员提供温暖包容的庇护，平等地对待56个家庭成员，同时也需要56个家庭成员共同守护。

---

①曼纽尔·卡斯特：《认同的力量》第二版，曹荣湘译，社会科学文献出版社，2006，第8页。

②国家民族事务委员会编《中央民族工作会议精神学习辅导读本》，民族出版社，2015，第29页。

中华民族是一个共同性和差异性兼具的命运共同体。由于民族的产生、发展和消亡需要经历一个漫长的历史过程，所以中华民族的整体共同性将持续增进，中华民族的内部差异性仍将长期存在，这是中华民族共同体未来演进的总体趋向特征。针对共同性和差异性长期并存的现实，关键要把差异性置于共同体之内辩证看待，认识到各民族与中华民族之间不存在本质的认同差异，仅存有因发展不平衡不充分导致的阶段性发展差异。[①]离开共同性，中华民族共同体建设将无从谈起；忽视差异性，中华民族共同体建设将难以做起。就未来中华民族共同体的表征而言，共同性是主导方向，要不断增进共同性，同时尊重和包容差异性。另外，也要明晰两者共生并存的界限，即差异性不能削弱和危害中华民族的共同性。共同性是中华民族共同体的构建基础，然而现实中的共同体与理想中的共同体不同，现实中的共同体并不会浑然天成，共同体难以要求共同体成员无条件地保持忠诚。齐格蒙特·鲍曼（Zymgmunt Bauman）就“共同体存在的理想和实际差距”指出，共同体并不是一种我们可以轻松获得的稳定形态。[②]因此在中华民族共同体的建设过程中，需要时刻注意保持共同体稳定的界限，即明确规定哪些方面可以“异”，哪些方面必须“同”。各族人民只有把自己的命运同国家的命运、中华民族的命运紧密相连，自身的生命安全才得以守护，幸福生活才得以维系。要引导各族群众牢固树立中华民族共同体意识，深刻认同中华民族作为“四个共同”的历史共同体和“四个与

---

①郝亚明、杨文帅：《国民共同体教育叙事的中西比较与中华民族共同体建设》，《中南民族大学学报》（人文社会科学版）2022年第10期。

②齐格蒙特·鲍曼：《共同体：在一个不确定的世界中寻找安全》，欧阳景根译，江苏人民出版社，2003，第4页。

共”的命运共同体的本质，自觉维护和增进中华民族的共同性，在享有尊重和包容差异性权利的同时，更要积极主动地履行维护共同性的义务，合力确保中华民族共同体的永续发展。

五、结语

2021年中央民族工作会议强调，做好新时代党的民族工作，要正确把握共同性和差异性的关系、中华民族共同体意识和各民族意识的关系、中华文化和各民族文化的关系、物质和精神的关系。[①]“这四个关系，共同性和差异性的关系是管总的，对其他关系起着引领作用。”[②]依照这一政策定位和逻辑判断，无论是对于铸牢中华民族共同体意识的理论建构而言，还是对于中华民族共同体建设的实践进程而言，能否正确把握共同性与差异性的关系都已经成为了一个关键性问题。党中央之所以赋予“正确把握共同性和差异性的关系”如此之高的政策定位，背后固然有应对“两个大局”时代需求的现实考量，亦有中华民族沧桑演进中积淀的历史智慧，更代表着中国共产党在马克思主义民族理论中国化方面的理论跃升。在此种意义上，我们甚至可以进一步断言，把共同性与差异性的关系理清了，中华民族共同体理论建构就能冲云破雾；把共同性与差异性的关系理顺了，中华民族共同体建设实践将会事半功倍。

中华民族共同体意识，形塑于各民族长久深层融合汇聚及应对民族内外危机的实践过程，是各民族主动追求幸福生活中自觉认同中华民族共同体的必然结果。正确处理共同性与差异性关系，核心

---

①《以铸牢中华民族共同体意识为主线 推动新时代党的民族工作高质量发展》。

②尤权：《做好新时代党的民族工作的科学指引 学习贯彻习近平总书记在中央民族工作会议上的重要讲话精神》。

在于强化各民族对中华民族的认同。安东尼·史密斯认为，民族认同是民族共同体的中心理想。“对这一定义至关重要的是两方面的关联：首先，分析层次的集体和个体之间的关联；其次，认同的保持和变化之间的关联。”①从这种角度分析，新时代党的民族工作中正确把握共同性与差异性的关系需提高以下几方面的认识。其一，不应把共同性与差异性的关系视作外部关系，而应置于中华民族共同体内部关系范畴来把握；其二，共同性与差异性不是简单地维持平衡关系，差异性应以不侵蚀或不损害中华民族共同性为前提；其三，共同性与差异性关系的变化特征，决定了共同体要做好长期应对变化和重塑认同的准备。综上所述，本文就共同性与差异性两者关系的基本认识可以大致概括为：增进共同性是中华民族共同体的存续根基，框定了主线方向；尊重和包容差异性是中华民族共同体的凝聚方式，框定了从属要素。进而言之，增进共同性的同时尊重和包容差异性，构成中华民族共同体的联结方式和基本特征。共同性维护统一的多民族国家建设的主线与方向，差异性供给统一的多民族国家建设的要素与动力，两相结合可以凝聚全国各族人民共同团结奋斗、共同繁荣发展，凝心聚力齐心协力共襄中华民族伟大复兴大业。

---

①安东尼·史密斯：《民族主义：理论，意识形态，历史》，第139页。